転んでもいい主義のあゆみ

日本のプラグマティズム入門

荒木優太

フィルムアート社

転んでもいい主義のあゆみ——日本のプラグマティズム入門

目次

凡例

・引用文献、および参考文献の書誌情報は各章末尾に記した。

・本文中の引用は、引用直後の［　］内に引用文献の出版年と該当ページ数を併記した。
例：[2001/169]

・書籍名、雑誌名は『　』、論文タイトルは「　」で示した。

序

八回目に起き上がるために

もう起きたくなーい！

七転び八起き。何度失敗してもめげずに立ち上がるさまを指す慣用句である。とはいえ、人生とはクソゲー。成功と失敗のゲームバランスが明らかにおかしい設計で組み立てられていることは、二〇年か三〇年くらい生きていれば、いいかげん、みなさんご存知のことだろうと思う。

七回失敗して一回成功するくらいならばまだ運のいい方。たいてい、一回の成功を得るには七〇回、いや、七〇〇回転ぶ必要がある。骨折り損のくたびれ儲け。もう骨がブロークンだよ、ボーン・ブレイキングだよ。

なのに、さかしい年長者はこうアドバイスするのだ……何度でも転べばいい、それが若さってもんさ、と。お前は俺を起き上がり小法師のおもちゃだとでも思っているのか？

転ぶことは決してノーコストではない。確実に転倒者の心身をむしばむ。最初の転倒で感じた恥は、二度三度と繰り返されると、なんでこんなこともできないんだろう、という自己嫌悪のもと、足し算ではなくて累乗で膨れていく。

転ぶというのは、手や膝に土がつくということだ。人の二足歩行は、大地にバイバイする手の自由を手に入れた。だからずっと前に決別したはずの土がつくと自分が人間失格の烙印を押された気分になってくる。

たとえば、社会的な成功者が自分の過去を語るとき、そこで語られる「転んだ」とは、躓いたけどその勢いを利用してバク転しちゃいました、みたいな出来事を指している。そういうのは転ぶとはいわない。転ぶというのは、転んで突っ伏して泥だらけになって笑いものになって自分の惨めさでもう起き上がりたくないとまで思うに至ることだ。奴らの膝に土なんかついてないのさ。

こういうことを見越してしまうと、その瞬間、八回目に起き上がるのが馬鹿らしく思えてくる。実際、統計学的にも——と、よく知りもしない情報を必死にかき集めてガクモン的な体裁で整えて未来の不成功を予言しようとするのも転倒者にありがちな癖である——八回目に立ち上がったとして大方が成功しないに決まっているのだ……と自らに言い聞かせて、怠惰な自分を慰める。

ところがどっこい、ここが大きな落とし穴。八回目のトライアルがなければ九回目はないし、当然、一〇回目も一〇〇回目もありはしない。一〇〇回目を経ないのだから七〇〇回目もあろうはずがない……もしかしたら七〇一回目ならば必ず成功するかもしれないのに！

あの八回目で失敗しなかったことが、やがて痛恨の傷になる。いま現在の自分を反省して過去のあるー点をそのように思い描いて後悔し、バタバタとベッドの上でのたうち回る夜があるものだ。

失敗は成功の母？

本書は、失敗することについて日本人がいかに考えてきたのか、という問いをプラグマティズムなるアメリカの思想流派の受容（の歴史）を通じて整理することを目標にしている。プラグマティズムがなんたるかは、もう少しあとのページに回そう。まず第一に答えねばならないのは、なぜそれほどまでに失敗の歴史なぞに注力せねばならないのか、という疑念だ。

一つの有効な答え方としては、失敗の原因を詳しく知ることで今後どのようにしたら同じ失敗を繰り返さずにすむか、よく分かるというのがある。言い換えれば、再発防止という名の成功の母君を探し当てようという実に前向きな方向性だ。

マシュー・サイド『失敗の科学』（原著二〇一五年）はまさにそのような本で、ここでは医療ミスや誤認逮捕など各分野で起こる「失敗」を不可避であると潔く認め、その報告と修繕を繰り返すことで人類の新たな「進化」が到来すると説く。これを阻むのは、失敗を失敗と認められない意固地な心や組織内のメンツを優先させる権威主義的な態度、強い厳罰主義であり、「進化」のためにはそれら旧態の改善が求められる。

原題『Black Box Thinking』のブラックボックスとは、飛行機に内蔵されているレコーダーのことで、機体が事故を起こしたとき、これを回収し録音されていた音声や各種データを復元することで、どのようにすれば事故が防げたかを究明して再発防止策を徹底する航空業界に範をとっている。日本でいえば畑村洋太郎が提唱する「失敗学」もほぼ同じ前向き姿勢をとっている。

いうまでもなく、この種の方針は失敗を語っていくうえで非常に有益なアプローチに違いない。過ぎたものは仕方ない。与えられたマイナス分はこれを教訓として情報化することで新たなプラスに転じるべし。これにてプラマイ・ゼロ。いや、教訓がときを越えて共有されればむしろプラスといっていい。既存の失敗論がはじきだす答えは確かに説得的だ。よって、ポジティブ・シンキング!

ポンコツイズムと自暴自棄

けれども、本書ではその道を採らない。プラス転化論では、「転んだ」のもつ累乗的羞恥が切り捨てられている。自分を委縮させる、あの土の匂いがない。ベッドの上のバタバタがない。

正しさの観点から捉えられた間違いは、やってはいけないリストを増やすためのサンプル事例になりさがる。けれども、個々人の人生はサンプルではない。恥辱と後悔にまみれながら、それでもなんやかんや適当に力を込めたり抜いたりしながら、生きていく。生きていくのは、そう、ほかの誰でもないこの私だ。金魚のフンみたいに過去の汚点を引きずり回しながらこれからやっていくなんて、御免こうむり之助。

異様なまでにポジティブなアメリカ人たちの教えを、そうやすやすと真似られない。私見によれば、日本のプラグマティズム、すなわち英語によって考えられたある特定の時代の思潮を言語体系のまったく異なる世界に移植した結果、誤解もともないながら誕生したポンコツイズムは、失敗の捉え方さえも失敗しているかもしれない不安をその根底に隠している。

間違うことはただただマイナスで、間違いを反省して次に活かす計画すらも間違えてマイナス分を増やすかもしれないと考える弱気は、すべては無駄で、もうやってらんないよと呟きたい、まったく生産的ではない、あの自暴自棄になる一瞬と通じ合っている。

可謬主義に回収されないもの

プラグマティズムの事始めとされる、チャールズ・サンダース・パース（Charles Sanders Peirce, 1839–1914）は、ある論文のなかで「「過つは人間の性」こそ、われわれがもっとも熟知している真理である」［2001/169］と述べた。

単純な構造をもつ生物は外からの力やあらかじめ割り当てられた本能によって機械的に動くのに終始する。対して、理性と目的意識をもつ人間存在は、移りゆく時間のなかで様々な目当てをもちながら、これを叶えることをしばしばしくじる。失敗する。失敗することができる。

人は神様のように全知全能でなければ、無限に生きることもできない有限性を抱え、それなのに叶うかどうかも分からない望みをかけて試行錯誤する。その過程のなかで少しずつ正解（成功）に近づいていけばいいのだとする立場をパースは可謬主義（fallibilism）と呼んだ。fall とは元々「落ちる」や「倒れる」という意味の動詞、つまりは「転んでもいい主義」のことだ。

古今東西の失敗論のエッセンスはほとんどここに集約されている。

しかし、繰り返しになるが、そう簡単にポジティブになれるのだとしたら苦労はないのだ。

もうどうなってもいいよと思うことがある。その失敗は君の財産になるんだよという行儀のいいアドバイスがとてもうるさく感じるときがある。絶対にそうしたほうがいいのにそれでも次の一歩が踏み出せないときがある。そんなときは失敗を正しく捉えるのではなく、捉え損ねた失敗の歴史なかで、それでもそれが歴史である――あるものはある――という事実をただ率直に認めることを本書は勧める。失敗を有効活用する成功の経済の手前で、残骸をただの残骸として眺めることを勧める。それは失敗から正解を引き出してくることに疲れてしまった我々の似姿のように見えるからだ。ちゃんとオリジナルをコピーできているかどうか定かではない、不格好な日本のプラグマティズムはその目標にとってまさに格好の対象といって差し支えない。

では、いささか謎めいたプラグマティズムなるものとはいったいなんなのか？　それを確認するには、申し訳ないことにつづく第一章へと踏み込んでもらわねばならぬ。さあさあ、ここまで読んだんだから、もう一章くらい読むのもワケないでしょ……ね？

〈引用文献〉

[2001] パース、チャールズ・S『連続性の哲学』、伊藤邦武編訳、岩波文庫。

〈引用しなかった参考文献〉

- 畑村洋太郎『失敗学のすすめ』、講談社文庫、二〇〇五年。
- エーレンライク、バーバラ『ポジティブ病の国、アメリカ』、中島由華訳、河出書房新社、二〇一〇年。
- サイド、マシュー『失敗の科学――失敗から学習する組織、学習できない組織』、有枝春訳、ディスカヴァー・トゥエンティワン、二〇一六年。

第一章

プラグマティズムを大雑把に理解する

プラグマ御三家、きみに決めた！

唐突だがポケモンの話を。

ゲーム『ポケットモンスター』では自分の最初のパートナーとして、草・水・炎という属性の異なる三種のモンスターのなかから一匹を選んで旅をスタートさせるというお約束がある。この初期モンスターを俗に《御三家》と呼ぶ。第一世代でいえばフシギダネ・ゼニガメ・ヒトカゲ。第二世代ではチコリータ・ワニノコ・ヒノアラシ、第三世代ではキモリ・ミズゴロウ・アチャモ、第四世代は……ってもういいいか。ちなみに私は第二世代までしかやってない。

プラグマティズムがアメリカで発祥した思潮であることは既に記した。もう少し具体的に補足しておけば、一八七〇年前半、マサチューセッツ州ケンブリッジにおける学生のクラブ活動が主な震源地となっているのだが、そんなプラグマティズムにも御三家と呼べるような三人の思想家がいた。彼らこそまさしく、この思想運動を立ち上げ、やがてアメリカ産哲学の代表格とまでたたえられるようになっていくグレート・アメリカンだ。必然、日本のプラグマティズムも御三家の受容や理解のなかで育まれていった経緯がある。

ずばりプラグマ御三家とは、チャールズ・サンダース・パース、ウィリアム・ジェイムズ（William James, 1842–1910）、ジョン・デューイ（John Dewey, 1859–1952）のことをいう。

テオリア vs プラクシス

そもそも、プラグマティズムとは、語源のギリシャ語に遡れば《行為》を意味する pragma に由来している。

一般的に流布しているプラグマ・イメージを理解する上で分かりやすいと思われるのが、アリストテレスによるプラクシス（行為＝実践）とテオリア（観想＝理論）の対比だ。

アリストテレスは哲学において重要なのは、テオリア、つまり静謐のうちで己の心眼でもって物事の本質をしっかりと見極めることであって、生半可な知識でもって動き回ったりすることではない、と考えた。「理論的な学の目的は真理であるが、実践的な学の目的は行為である」。で、「実践する人々も物事のいかようにあるかを考察しはするが、しかし永遠的なものをではなしに相対的なものや今ある物事を研究するだけ」［1959/72］。

要するに、プラクシスの連中は動いてばかりで落ち着きがなく薄っぺらいのだ。

絶対的なよりどころを失くし、仮設的で相対的なプラクシスのこのイメージは、プラグマティズムにも共通している。が、プラグマティズムの場合、これは美点に数えるべき特徴だ。永遠の真理なんてなんの役に立つんスか？　便利に使えるんならどーでもよくね？　御託はいいから習うより慣れっしょ？　プラグマティズムは知識の暫定性を正面から引き受けて、悪びれもせずピースサインしてる。イエーイ！　よく「実用主義」と訳される所以だ。

ひとまず、プラグマティズムとは頭のなかの観念よりも実際の行動やそこから出てきた結果（事実）を重んじる考え方、と整理しておこう。

パース、ジェイムズ、デューイの思想を総観してみても、この特徴はプラグマティズムをざっくり理解する第一歩にとってはそこまで悪くはない。たとえば、パースは「プラグマティズムの格率」［2014/57］を唱えたことで有名なのだが、これが教えるのは言葉の意味を知りたければ辞書を引くのではなくその言葉を用いて生じた結果を知る方がいいということだった。また、デューイが構想した実社会とより密着した新たな学校制度や多元主義と呼ばれる個々人の考え方が違うことが前提で組まれる政治思想には、孤高の頭でっかちを越えていくポテンシャルがある。

パース、かわいそうな奴

プラグマティズムの礎を築いたのはパース、ジェイムズ、デューイの三人であると述べた。ただし、御三家といっても、実は各人が担った役割と活躍した時期はかなり違う。初発のアイディアを出したのがパースで、それをより一般化したのがジェイムズ、そのあと実践や応用へと転用していったのがデューイになる。

パースとジェイムズはケンブリッジで交友を深めたが、彼らに比べると後追いになったデューイが活躍したのはシカゴ大学だったので、その場合はシカゴ学派という名称のもと評価されることもある。ちなみに、他のプラグマティズム系シカゴ学派の有名人としてジョージ・ハーバート・ミード（George Herbert Mead, 1863–1931）という学者がおり、本書のなかで彼はあとでもう一回でてくる。

餅をついたのがパース、こねたのがジェイムズ、食ったのがデューイ……という比喩が正しいかどうかはおいといて、餅つき道具を準備したのは明らかにパースだ。

なので、三人のなかでもパースは頭一つぬけてエライ……はずなのだが、実はパースはその思想体系の難解さも手伝って、ほかの二者に比べてやや敬遠されがちという歴史があった。日本式プラグマティズムも、ジェイムズかデューイの受容を中心に回ってきたきらいがある。

パースは死後の取り扱いだけでなく、生前の学究生活もあまり恵まれていなかった。一八三九年、マサチューセッツ州で誕生したパースは、数学者の父親と政治家の娘である母親をもち、幼い頃から学者になるための英才教育を授けられた。が、体が弱く、様々な持病に苦しめられ、そのうちの一つの神経痛を和らげるためモルヒネやコカインを常用するようになる。これが彼の精神的不安定へと響いていき、結果、社会生活を困難たらしめることになる。

学校の規則に馴染めず、学生時代は放逸した生活を送り、卒業後はアメリカ合衆国沿岸測量部で技師として働く。いわゆる学者先生にならなかった。最近はやりの言葉でいえば、パースは在野研究者の一人だ。とはいえ、学者になりたくなかったわけではない。たびかさなる機会に恵まれながらも、うまく時機を摑めずに、離婚、借金、精神異常のどん底生活へと転がり落ちていったのだった。

名づけ親知らず

プラグマティズムが誕生したのは、パースが仲間とともに一八七〇年前後から始めた「形而上学クラブ」(Metaphysical Club) という小さな討論サークルのなかでのことだった。少しあいだをおいてジェイムズもここに参加。パースの天才をいち早く見抜いていたジェイムズは、あるときは彼を大学教授にしようと、別のときはハチャメチャなその生活を支えようと献身的に力を貸すことにもなった。男同士の熱き友情である。

ところで、プラグマティズムの名づけ親は実ははっきりとしていない。

ジェイムズは埋もれがちな盟友パースの名誉を救うためもあって講演を通じてプラグマティズムの啓蒙に努めた。一九〇六年と一九〇七年の講演からなる、その名も『プラグマティズム』という著作は、特に多くの人々を魅了し、いわばプラグマティズムの布教本のような役割を担った。応援してくれた哲学者には、『創造的進化』でよく知られるフランスのアンリ・ベルクソンのような人がいた。

こういう事情もあって、多くの人はプラグマティズムをジェイムズの発案だと早合点したのだが、事実はそうではない。当のジェイムズは、「この語がはじめて哲学に導き入れられたのは、一八七八年チャールズ・サンダース・パース氏によってであった」[1957/39]と、パースに名づけ親の権利を認めている。

ところがどっこい、ジェイムズが参照しているパースの論文「我々の観念を明晰にする方法」にはプラグマティズムという単語がない。このことが事態をいささか複雑なものにさせている。

つまり、プラグマティズムのルーツはジェイムズによる（クラブ内で議論されていたという）伝聞によってでしか確認できず、しかも、自分の手から離れて解釈に解釈を重ねられてしまった結果、その意味するところが変質してしまったことに我慢ならなかったパースは、「プラグマティズム」という表記を放棄して「プラグマティシズム」［2014/205］――「ci」が入っている！――という名のもとで再出発してしまうのだ。

だから、ある時期のパースにタイムスリップしてインタビューを試みたら、……プラグマティズムだって？　知らね。俺はプラグマティシストなんで（怒）！　と激おこされる可能性大なのである。ラーメン屋の主人と弟子が屋号をめぐって争った結果、プラグマラーメンの向こう先に元祖プラグマラーメンが営業している、みたいな話だ。

子供に《硬い》を教えるには

そんなパースとジェイムズだが、いったいなにが違うのだろうか。超絶ラフに説明することを許してもらえば、パースの方が堅苦しくて、ジェイムズの方がゆるふわ、という理解で一般的にはOKだ。

パースは「プラグマティズムの格率」を唱えた。これは簡単にいえば、ある言葉の意味はそれを用いたときに生まれる結果がすべてだよ、という、概念をクリアーに使うための法則のようなものだ。

たとえば、子供が料理中の母親に向かって、

——ねえねえ、《硬い》ってなぁーに？

と尋ねたとしよう。これに対して母親は、

——《柔らかい》の反対のことだよ。

と、教えたとする。まあ、間違ってはいない……が、《硬い》が分からない奴に《柔らかい》が分かるはずがないだろ。だから、当然、今度は、

——《柔らかい》ってなぁーに？

と、聞き返す。母親はさっきと同じように、

——《硬い》の反対のことだよ。

と、答える……ああ、ふりだしに戻ってしまった。

実にアホな会話である。意味が分かるというのはこういう言葉遊びをすることではない。言葉で

言葉にケリをつけようとする辞書引き合戦はプラグマティズムに相応しくない。《硬い》を知るには、手にもっているハンマーで目の前にあるトマトをたたきつぶして、

――ね、これが《硬い》ってことだよ。分かった？　分かったなら黙って。お願い。ね？　ね？

と、早口で言えばよい。子供は恐怖で黙るだろう。振り下ろせば硬度の差によってぐちゃぐちゃになる、非《柔らかい》が《振り下ろせば一方的にぐちゃぐちゃにできるもの》になった。ほら、さっきよりも明晰でしょ？　キッチンにハンマーがあるかどうかはよく知らない。

意味から真理へ

パースから発する意味を確定させる理論の流れは、ジェイムズにとって真理概念を拡張させる方法として拡大解釈的に受け止められる。

格率に従えば、意味とは辞書を引けば自動的に分かるようなものとして与えられているのではなく、ある帰結のなかで理解される。これをジェイムズは、意味はそれを抱くその時々の主体によって改訂されうるもので、さらにいえば客観的にどうであるかは別にして、その主体の都合のよさに

フィットするものを真の意味＝真理として扱っていい、と拡張する。

例えば次のようなことをジェイムズは述べる。

「真なるものとは、信仰という面から見て、しかもまたそれと指し示しえられるようなはっきりした理由から、善であることが証拠だてられるものならば何であれそのものに附与される名前である」〔1957/62〕

ここでいう「善」というのは、個々人が《よい》と感じることであって、普遍的な正しさではない。個人を離れればとたん失効してしまうような「善」だ。

だから自然、ジェイムズの真理論は、信仰論や宗教論に接近する。どんなに他人に馬鹿にされようと、女が男の肋骨から生まれたとか土葬にしておけばいつか死体が蘇るだろうといった信念も、その人にとってはリアルで実際的な行動力、毎日お祈りするとか十字を切るといった習慣をかたちづくっていることは否定しようもない事実だからだ。

明らかに飛躍がある、と思われるかもしれない。然り。実際、シェリル・ミサックというプラグマティズムと分析哲学（論理学と言語分析を得意とする英米で盛んな哲学の一派）の架橋を目指す現代の学者は、ジェイムズ的理解が幅を利かせすぎてしまったせいでパース由来のプラグマティズムの原義が誤解されてきたのだ、とちょっと怒っている。「ジェイムズは、場合によっては、安定した真理と、私たちが今・ここで生きる際に援用する一時的な「真理」を、はっきりと区別している。しかし彼は、この区別を曖昧にする傾向を示すことの方が多かったことは確かだ」［2019/131］。

分からんでもないが、ちょっとジェイムズがかわいそうだなと思わなくもない。

モテの永久機関

いまやポスト・トゥルースの時代。なにが正しいのかよりも、なにを信じたいかで世の中が動き、SNSを中心にしたデマゴギーやフェイクニュースで踊らされない日はないといっていい。ジェイムズの真理論は、エビデンス・ベースで認識を点検せよとする良識派では決してすくえない、信じる力の抗いがたさを的確に先取りしていた。

ジェイムズには『信ずる意志』という直球のタイトルがある。爆笑するのは、「多くの女性が自分に好意を寄せているにちがいないと、ある男性が自信たっぷりに言い張るだけで、どれだけ多くの女性の心が彼に夢中になってしまうでしょう」［2014/383］というナンパ術。モテない奴は、金があってもモテないし、容姿端麗でもモテないし、性格がよくてもモテない。モテる奴はオーラから違う。そして、オーラとは《オレはモテるんだ》という謎の自信に由来している。自信が事実を呼び出し、事実が裏づけとなって自信をさらに大きくさせる。モテの永久機関の完成である。

アメリカの社会学者のロバート・マートンは、誤った考えであっても言葉に表すことでそれに相応しい行動を準備させ最終的には言葉通りのものを実現させてしまう皮肉な現象を「自己成就的予言」［1961/384］といった。日本では言霊《ことだま》と呼ばれているやつだ。ジェイムズのいう非モテ解消法もつまるところこれである。

女性でもそうかもしれない。思えば、谷崎潤一郎『痴人の愛』の毒婦ナオミは、「よしや自信と云う程でなく、単なる己惚《うぬぼ》れであってもいいから、「自分は賢い」「自分は美人だ」と思い込むことが、結局その女を美人にさせる」［2003/80］という譲治の方針で育てられた娘だった。カワイイは（信じれば）つくれる！

パースは共同体に開かれている

ジェイムズは心理学者としても有名で、悲しいから泣くのではなく泣く（身体の変化）から悲しみ（情動の変化）が生じるのだとする、ジェームズ＝ランゲ説は特に人口に膾炙している。くわえて、ジェイムズは、心霊現象の研究にハマっていた少しばかりマッドな学者でもあったのだが、それもたとえば、天使や聖霊が自分の下にやってくるといった宗教的ヴィジョン（＝幻視）を見た者にとって、周りがいくら非科学的だ、クレイジーだ、と説得しようとしても彼にとっては実際に見たものは見たのだから否定できない、と考えるのは、結果を大事とするプラグマティズムから見れば、なるほど道理といえるかもしれない。

おそらく、パースはこのような真理観を決して認めないだろう。パースは「真なる結論というものは、たとえ我々がそれを受容する衝動に駆られてなくとも依然として真なのであり、誤った結論は、たとえそれを信じてしまいたい性向に抗うことができなくても依然として誤りなのである」［2014/148］と書ける人だが、ジェイムズは違う。

パースには、個々人が信じている信念（仮説）を客観的な知に洗練させていく科学的共同体の契機がある。「注目に値する仮説はすべて厳格ではあるが、しかし、公平な吟味に付され、仮説によって導かれる予見が経験によってかなりの程度確証されてはじめて、ともかくも信頼性を得る」［2014/202］。つまり、

——オレ、これ信じてるんスけど……どうっスかね？

——うーん、ま、間違いだね。

——デスヨネー。

というコミュニケーションでもって、自分の信念を改定していくプロセスに開かれている。信念→習慣→ツッコミ→信念（改）→最初に戻る、この繰り返し。少しずつ修正していける漸進主義は真理を安売りする（？）ジェイムズには見出しにくい。パースよりもジェイムズの方が真理の特殊性（＝個々でバラバラ性）を認めていると読まれやすい所以である。

第三の男

さて、御三家といいながら、ひとり蚊帳の外に置き去りにされた男がいる。ジョン・デューイだ。日本のプラグマティズムがデューイに偏重していることは既に述べた。それだけではなく、大正八（一九一九）年、デューイは来日し、東京帝国大学（現在の東京大学）で講演会まで開いている。これは二年後、中島慎一訳で『哲学の改造』という題名のもと出版され、以降、訳者を変えながら日本の読書人に長らく愛読されてきた。名実ともに日本ともっともゆかりの深かったプラグマティストはデューイをおいてほかにない。

大学院でヘーゲル哲学とダーウィニズム〔進化論〕に感化されていたデューイは先ほどの二者とはやや遅れてプラグマティズムを摂取していった後輩くんである。ヘーゲルやダーウィンという固有名がプラグマティズムの観点で重要なのは、いま確固たるものにみえる知識も決して不動のものではなく時間とともに変化・進化していく、というポイントだ。

だから、デューイは《探究》や《実験》という言葉を大事にする。やってみなけりゃ分からない。言い換えれば、言葉や概念は正しそうな知を得るための単なる道具でしかない。デューイのプラグマティズムはかくして「道具主義」や「実験主義」〔2014/333〕という新たな装いのもとで体系化されることになる。

みんなおいでよデューイ学校

実験という言葉は、デューイが構想し、また実現も果たされた、シカゴ大学付属の《ラボラトリー・スクール》〔実験学校〕、通称デューイ学校にも顕在化している。

デューイはプラグマティズムの思想を、子供の教育の議論に応用し、記号の暗記中心で組まれる抑制的・画一的なカリキュラムの代わりに、身体の具体的作業をともなう、料理・裁縫・大工仕事といった実生活の延長線上にある技能を個々人の関心に沿って習得させる教育方針を唱えた。「自然にじかに触れることや、現実の事物や材料の取り扱い方や、それらのものを実地に操作する過程に触れることから得られて、しっくりと身についた知識、さらにそれら事物の社会的な必要性や用途についての知識をもつことが、教育の目的として重要な意義をもつ」[1998/68]

パッケージ化された知識を押しつけるのではなく、学力の競争をけしかけるのでもなく、子供が内にもっている才能を引き出すことが教育制度に求められるべき使命である。

理想的な家庭では、活発な会話が交わされ、これによって、「子供は絶えず学び続け」「自分の経験を語り、自分の誤った考え方を訂正する」[1998/97]。これと同じことが学校でも実現されねばならない。単に教師の授業を一方的に聴くのではなく、相互交流を促すような柔軟な制度が求められるのだ。

さらにつけくわえれば、この教育学は充実した民主主義にも深く関わっている。デューイによれば、人間は個々人で異なる限界を抱えている。みな得手不得手がある。その欠陥を完璧な教育プログラム一発で手当てできる、と考えるべきではなく、むしろ相互のコミュニケーションのなかで刺激し合って成長し、過不足を補い合わねばならない。

そのために最適な政体は、上から目線《ウエメセ》で偉そうに命令してくる一方通行の専制的体制ではなく、共同体の成員同士が相互にコミュニケーションをとって決定を下していく民主的なものでなければならない。『民主主義と教育』という著作で主張された。これはジェイムズが唱えていた多元論、一つの宇宙のなかにバラバラの多なる世界観が独立して存立しているという認識論とも相性がいい。

御三家から学ぶ三つの教え

長くなった。簡潔に御三家から学べるプラグマ三大特徴を雰囲気的におさえておくことで、そろそろ本題の日本式プラグマティズムの検討に入っていくことにしよう。

プラグマティズムとは、要するに次のような特徴をフワッと備えた考え方のことを指している。

・間違ってもいいんだよ、人間だもの。
・習うより慣れろ。
・やってみなくっちゃ分からない！

ホワイト企業とブラック企業の社訓が入り混じったような、ネズミ講的なグレーな要約ではあるが、大雑把な理解にとってはこれくらいで十分だ。我々の目標はあくまで日本の地へ移植されたプラグマティズムであり、それはもしかしたら、というよりも確実に、純正品よりもヘンテコで、まさに我々はそのヘンテコこそを吟味しようとしているのだから。必要があれば、その時々で御三家の文章を参照することにして、早速、初代日本プラグマティストの門をたたくことにしよう。

〈引用文献〉

[1957] ジェイムズ、ウィリアム『プラグマティズム』、桝田啓三郎訳、岩波文庫。
[1959] アリストテレス『形而上学』上巻、出隆訳、岩波文庫。
[1961] マートン、ロバート・K『社会理論と社会構造』、森東吾・森好夫・金沢実・中島竜太郎訳、みすず書房。
[1998] デューイ、ジョン『学校と社会・子どもとカリキュラム』、市村尚久訳、講談社学術文庫。
[2003] 谷崎潤一郎『痴人の愛』、新潮文庫。
[2014] パース「プラグマティズムとは何か」、「プラグマティズム」、「信念の確定の仕方」、ジェイムズ「信ずる意志」、デューイ「アメリカにおけるプラグマティズムの展開」、『プラグマティズム古典集成――パース、ジェイムズ、デューイ』収、植木豊編訳、作品社。
[2019] ミサック、シェリル『プラグマティズムの歩き方――21世紀のための哲学案内』上巻、加藤隆文訳、勁草書房。

〈引用しなかった参考文献〉

- 魚津郁夫『プラグマティズムの思想』、ちくま学術文庫、二〇〇六年。
- 藤井聡『プラグマティズムの作法――閉塞感を打ち破る思考の習慣』、技術評論社、二〇一二年。
- 『現代思想』（特集：いまなぜプラグマティズムか）七月号、二〇一五年。
- 伊藤邦武『プラグマティズム入門』、ちくま新書、二〇一六年。
- 加賀裕郎・高頭直樹・新茂之『プラグマティズムを学ぶ人のために』、世界思想社、二〇一七年。

第二章

評論×プラグマティズム＝田中王堂

日本初のプラグマティスト

日本のプラグマティズムを振り返るといったとき、第一に名が挙がるべきは、明治・大正期の評論家であった田中王堂（1867–1932）であるように思われる。というのも、彼は日本人としては稀有なことに、アメリカ留学の先でジョン・デューイから直接教えを受けていた人物だからだ。

田中王堂。武蔵国入間郡中富村、現在でいう埼玉県の所沢市で誕生した。王堂は号で、本名は田中喜一という。より詳しくいうと、もともとは喜市だったが、「市」の世俗的な感じが嫌だったので喜一に直してもらった。東京英和学校（青山学院の前身）や東京専門学校（早稲田大学の前身）を転々としたあと、明治二二（一八八九）年、二三歳あたりのときに単身アメリカへ渡る。

八年かけてケンタッキー州にある聖書学校、シカゴ大学を卒業する。まさしくそのシカゴ大で教鞭をとっていたのがデューイ教授だ。彼に師事することで本場仕込みのプラグマティズム思想を大いに摂取したようだ。日本に帰ってきてからは、東京専門学校（早稲田大学）の講師などをしながら、持ち前の知見を武器に政治・哲学・文芸・文明といった幅広いテーマにちょっかいを出していく評論家となって数多くの著作を世におくりだした。

師匠には触れない

日本のデューイ偏重は既にして王堂から始まる。

が、にも拘らず、不思議なことに彼の文章を読んでいてもデューイのことはほとんど話題にのぼらない。王堂に詳しい磯野友彦は、「デューイについてほとんど語っていないという事実」[1980/76]を明記している。なるほど、彼が書いた種々の著作をひもといてみてもデューイの名を見つけることは難しい。強いて挙げれば、大正一〇(一九二一)年刊行の『創造と享楽』に所収された「ジヨン・デユウエイの哲学」くらいしか単独のデューイ論を見つけることはできない。

それに比べてずっと頁が割かれるのは、ウィリアム・ジェイムズを援用するときの方だ。たとえば『改造の試み』所収の「信仰の合理性」は、そのままジェイムズの「信ずる意志」論に範をとっているように思われる。

ただし、そもそも、王堂に海外思想家の影を探そうとする魂胆そのものが野暮だという意見もあるかもしれない。王堂は、プラグマティズムの単なる紹介者ではなく、物珍しいだけの舶来品を自分たちの言論の活力として、まさしくプラグマティックな仕方で血肉化して己の筆致のなかに活かしたからだ。

vs クワッキー

その資質が最初に顕現したのが、桑木厳翼《くわきげんよく》という帝国大学の哲学教授との論争だった。単語としてのプラグマティズムの輸入自体は、論争の発端となった桑木の講演録「「プラグマティズム」に就て」の冒頭で断られているように、紀平正美《きひらただよし》という哲学研究者が既に試みたところのものだった。が、この論争を皮切りに英米に伝わるとされる新思潮への注目が一気に集まる。

明治哲学界のクワッキーこと桑木厳翼は、今日ではカント哲学の輸入者として名が残るザ・講壇哲学のエリート学者だ。これに噛みついたのが、当時どこの馬の骨とも知れない私学教授の王堂だった。「哲学と云えば独逸《ドイツ》哲学を正統とする習慣が当時一層強くあつた中」アメリカ由来の「王堂哲学は白眼視されていた」のだから難儀なもの［1952/70］。

が、結果的には、この落差によってこそ、クワッキーへのツッコミ力が映えたともいえる。

桑木は講演録で、いま人気と噂されているアメリカ思想の丁寧な紹介に取り組んでいる。本場仕込みを知っている王堂はこれをコテンパンにしようとするのだが、公正を期して書けば、桑木はそこまで変なことをいっていない。パースから始まり、ジェイムズ、デューイに広がって云々という今日でもよく見られる教科書的な記述がつづいている。あえていえば、途中からのプラグマティズム理解が今日では省みられることの少なくなったF・C・S・シラーに偏ってるくらいのものだろうか。シラーとは、プラグマティズムをヒューマニズム（人間中心主義、人本主義とも訳される）と解したプラグマティストの一人だ。

要は、王堂のナンクセに等しい。しかし、啖呵の切り方で輝く人がいるものだ。主な桑木への不満点、「没史的、分割的、実在論的」［1906a/30］——最初のは没歴史的ということ、王堂の説明は途中で終わって別のイチャモンに代わっているのであとの二項についてはちゃんと説明されない——とは別に、初期王堂は桑木がもつ哲学観にそもそもの不満があった。

驚くべきこともっとある

桑木は『哲学概論』という本のなかで、哲学の出発点を驚くこと（タウマゼイン）に求めている。

わっ、びっくり！　これってなんでだろう？……この好奇心から、知への愛《フィロソフィア》としての哲学が始まる。今日からみればあまりに使い古された導入である。

けれども王堂はその古風な定義をなんの反省もなく使い回すさまに我慢ならない。驚くことはよい。哲学が始まることも構わん。それでも、お前らのいう驚くって、哲学って、どこでやってることなんですか？　「「プレトウ」及び「アリストウトル」の一大過誤は、驚異の起縁を人の生活系統と没交渉なる非合理的物件（brute fact）に索めたことに集中して居る」［1906b/27］と王堂は書く。

一応注釈しておくが、古代ギリシャの哲学者、プラトンとアリストテレスのことである。この時期の外人名の訳は今日から見るとヘンテコに見えるものばかりで、ちなみに桑木はPeirceを「ピアース」、Deweyを「デュエー」と訳しているが［1906b/7］、書物だけで格闘していた時代を想うとその苦心に泣けてくる。

閑話休題。王堂は驚異を「生活系統の中に生ずる合理的事件（rational event）」として捉えるべきだという。というのも、生活は、行動の規則を立ててこれに準じて絶対に正しいとはいえないものの一応の統一性は認められる「習慣」と、これだけだと上手くいかない新しい急場に臨んで自らを変える「要求」の、「二重性（duality）」を常に抱えているからだ［1906b/27-30］。このような分裂にこそ驚異の根本がある。

生活を離れて驚異なし。やってみる、できない、なぜだ？　なのに桑木を筆頭に、スカした態度で驚異を論じる連中はこぞって、ウーム、この宇宙の実在……人生不思議なるもの、驚異ですなあ、とアンポンタンなことばかり驚いている。アホか。もっと身近に驚くべきことあるだろうが。

王堂は哲学という営みを天上界の絵空事として理解すべきではなく、地上で営まれる個々人の実生活のなかに現実に息づくべきものだと考えた。

実際、これは桑木と鋭い対照を示している。というのも、応答文「田中君に答ふ」では、学問としての純粋哲学は、「哲学の無用を主張したい」と思うほどの「道楽」に等しく、その観点からみれば、俗事の泥臭さを残し知的に純粋ではないプラグマティズムは、「哲学の趣味を解せざる哲学研究者の唱道した、偽哲学 Pseudophilosophie」［1906c/24］でしかない、というのが桑木の考えだからだ。

エッセイとクリティック

王堂を哲学者と呼ぶべきだろうか。それとも桑木に屈して偽哲学者か。

どちらを選ぶかは個々人の哲学観で決めればいいが、我々の文脈からは評論家や批評家と括ってみたい気もする。王堂は、第一著作『書斎より街頭に』を明治四四（一九一一）年に刊行する。社会学者の毛利嘉孝に『ストリートの思想』（二〇〇九年）という社会運動と地続きになった一九九〇年代以降の思想潮流をまとめた本があるが、元祖・街頭《ストリート》の思想としての自分の仕事を、王堂は「評論」と名づけている。

「自分が評論と云つて居るのは、勿論英語の Essay 又は Criticism の事である。元来 Essay と云ふ言葉は試験といふ事を意味するのであつて、冶金学に於て貴金属を普通金属と区別する時に用ゐる Assay と同じ言葉である。又 Criticism は希臘語の κρίνειν 即ち審判するといふことを意味する言葉から出て来て居るのである。何故に進歩的社会に於ては、優劣を試験し、或は真偽を審判することが、保守的社会に於けるよりも一層必要であるかと、問ふならば、其れは云ふまでも無く、時々刻々に欲望の要求に随つて、新しい行為の方針を創設する必要に迫られて、二つ以上の方針が発見せらるゝ時に、比較的に多く欲望を満足せしむるものを選択することが必要であるからである」[1911/5-6]

王堂に従えば、エッセイとは「試験」を意味するということ。よく随筆と訳されるが、動詞形だと《試みる・やってみる》という意味で用いられる言葉だ。

さらにこれは冶金《やきん》と深い関係があるという。純金だと称してはいるが実は騙して変な金属が混ざってるのではないか？　どれどれ……そういったテストの精神がエッセイの語源にはある。クリティックも同様。語源のクリネーは《分割する》という言葉で、そこから《審判する》が出てくる。正しいことと間違っていること、「真偽を審判する」、つまりは分割するということだ。だから王堂の含意をすくっていえばEssayを「試論」と訳してもいいかもしれない。

単なる学術論文ではなく、評論＝試論のスタイルを武器とした王堂の態度は、改めて確認するまでもなく、実にプラグマティズム的だといえる。象牙の塔に立て籠らず、必要とあらば専門の垣根を飛び越えてジャーナリズムに接近し現代の実生活のために書く。ここでは学士と志士は両立する。「評論は理論と実行との統一であり、学術と功利との融会である」［1911/3］というカッコイイ一文が意味するのはつまりはそういうことだ。

ここに日本のプラグマティズムの王道を往く王堂の面目躍如がある。

具体理想主義とはなにか？

それにしても、なにを選り分けろというのか。王堂は「欲望」と「方針」について語っている。実はこれ、王堂が立脚した「具体理想主義」［1911/180］のキーワードである。

どういうことか。我々は様々な「欲望」を抱きながら日々生活している。もっと給料が欲しいとかデカい家に住みたいとかぶあついステーキを食べたいとか。けれども、それらをすべて叶えることは現実には不可能だ。二兎を追うもの一兎をも得ず。どちらかを選ばなければならない。そこで「二重の努力」が求められる。つまりは、「同時に起る欲望の関係を調和することと、前後に続く欲望の様式を斉整すること」[1911/29]。

優先して叶えるべきものを整理したり、実現可能性が高いものに欲望をこしらえ直さなければならない。

王堂は、その整理の基準こそを「方針」と呼ぶべきだ、と述べる。だから、「方針」は不変のものではなく、常に修正可能性に開かれている。生活は変化の連続で、それに応じて「方針」も微調整されねばならないからだ。これはプラグマティックな意味での「理想」の同義語なのである。

人は理想と聞くと、自分たちの手には届かないほど遠くにある絶対的なものだと捉えがちだ。プラトンの哲学には「イデア」という概念が出てくる。イデアとは、人間の肉体を超越した世界にあるとされる、数理的に揺らぎようのない絶対真理のことだ。idea を理念と訳すと、さらに手の届かないキラキラ感ははんぱない。ま、まぶしい！

けれども、そういうふうに捉える必要はない、と王堂はいう。そもそも、「Ideal なる語は Idea

という語より来れること明かにして、Ideaとは吾人の心内に蓄積せられたる心像又は観念なり」〔1911/504〕。確かに、それをアイディアとカタカナ語訳してみれば、誰の頭のなかにだってある発想のことを想うに違いない。無限のかなたにあったはずのものがずっともっと身近に感じられる。

IdeaとIdealはもちろん概念として異なる。それでも王堂はその違いをモードの差として理解することをすすめる。つまり「動力的性質」の様相をみせたとき、それは「理想」(Ideal)と呼ばれ、反対に「静的」な場合は「観念」(Idea)と呼ばれる。「要するに理想とは過去に蓄積せる経験を基礎として、未来に於ける生活の方針を定むる知的要具なり」〔1911/505-506〕。理想も所詮「要具」(道具)にすぎない、というクールなこの認識の背後には、いうまでもなくデューイ流の道具主義を読んでいいだろう。

この「理想」論は、彼が文芸を批評する態度にも通じている。明治後期から日本の文壇にて一大流行の観をみせる自然主義は、没主観、つまりは客観に即して現実をありのままに暴露しようとした結果、無解決無理想主義に落ち着く。お先まっくら、これがリアル。田山花袋や島崎藤村を読んでも絶対に元気溌溂になったりしないが、それが本当の本当なんだから仕方ない。が、そのような人生観は、理想の意味を極めて狭くとっていることの結果でしかない。

自然主義は有解決有理想主義に鍛え上げねばならない、と王堂はいう。これは自然主義に強力な理論を与えた批評家・島村抱月を批判的に乗り越えようとするものだった。

漱石批判

ところで、文芸批評といえば、王堂はいまや国民作家として名高い夏目漱石に噛みついてもいる。『書斎より街頭に』所収の「夏目漱石氏の『文芸の哲学的基礎』を評す」は、講演録に加筆修正したものを新聞連載していた表題評論とともに、「F＋f」という謎めいた定式でやがて世の漱石研究者をこぞって困惑させることになる奇書『文学論』に対して、具体理想主義の立場から批判を加えようとした長編評論だ。

この漱石という男、実はプラグマティズムとまるで無関係というわけではない。なにを隠そう、上記二作をふくめた彼の文芸理論にはウィリアム・ジェイムズからの強い影響を認めることができるのだ。小倉脩三の漱石論によれば、具体的には『心理学原理』『宗教的経験の諸相』『多元的宇宙』といった著作を熱心に読み、その心理学説を自身の文学論に活かそうとした。

ジェイムズ心理学は、単一の感覚を最小単位としたその連合で心のメカニズムを究明していく方法を斥けて、自覚できない領域もふくめて、絶えず選択し絶えず変化しつつある「意識流」〔1903/221〕、個々人のなかで独立して成り立っている意識の流れの説を提唱した。漱石はここから、文学とは個々人で異なる焦点化（F）とそこにひっついている情緒（f）の合体である、という定式を引っぱってくる。

同じ流派に共感を寄せる者同士、もう少し仲良くしてもいいようなものだが、いやいや、実際のところ王堂は凡百の自然主義者よりも漱石を高く評価し時々褒めもするのだが、それでもまげられないものはまげられない。

漱石文学論の分類癖への文句とともに、個々人を超えて共有された集合意識を論じる漱石に対して、「二つの意識の隔離して居るに勝るものの無いことは、夏目氏の信奉して居らるゝやうに見えるジエムス教授の教へる所ではないか」〔1911/416〕とツッコむところには、個人主義者としての矜持とともに、オレのほうがもっとジェイムズを上手く扱えるんだ、という自恃を汲み取ってもいいかもしれない。

テオリアは「見方」と訳すべし

王堂の文の魅力の一つは、哲学の小難しい用語をぐぐっと日常言語に翻訳してフツーに《使える》思想に仕立て直してくれるところにある。

たとえば、王堂は「Θεωεια《ママ》は言葉の示す如く見方である。詳しく云へば、物の正しき見方である」[1913/15]という。

説明しよう。実はこのギリシャ文字、テオリアのことを指す。「Θεωρια はそれの語源に随つて、どこまでも見方である、其れより出た近世の theory の訳語としては、久しく理論、又は、学説といふ言葉が行はれて居るが、私は矢張り見方といふ言葉に執着する」[1913/18]。

テオリアが、つまりは理論が、「見方」。うん、すごい身近な感じがするぞ！

アリストテレスのプラクシス（行為＝実践）とテオリア（観想＝理論）の対立構図は既に紹介した。そして、プラグマティズムは前者に優位を置きやすい思潮であることも。

王堂のプラグマティズムはあくまで実践に軸足を置きつつも、観想＝理論を切り捨てるのではなく、逆に実践的なかたちで理論を実用可能なバージョンへと洗練させる。考えて書くこともまた実践なのだ。

王堂は具体理想主義に立脚した、と書いた。ただし、王堂はその時々で色々な標語を編み出して、論壇に一発かまそうとするイキリ癖があったことは留意しておく必要がある。標語大好きおじさんである。

実際、具体理想主義はその後「Romantic Utilitarianism」（＝ロマンティック功利主義）になり、「実験理想主義」になり、「徹底個人主義」になり、「人才主義」になり、「哲人主義」になり、「象徴主義」になっていく。

いずれもその基調は、物事を二つに分割して考えると間違えやすいよ、といった二元論批判（＝一元論の称揚）にある。理論と実行は統一されねばならなかった。『書斎より街頭に』という書名にしても、ただ一方的に街頭を称揚するのではなく「実行上の問題を講究するに至適の場所は静粛なる書斎であつて、理論上の仮説を吟味する唯一の標準は街頭の生活である」［1911/2］と、その自由な往還、両刀使いの強さに由来した命名だった。

同じような主張のくせして、なぜそこまで執拗に造語せねばならなかったのか。いささか疑問に思わなくもないが、同じ型の主張が個人生活と社会制度の区別を問わずに貫徹するさまは、少なくとも分かりやすくはある。

具体理想主義と代議制

たとえば、王堂は代議制の政体を支持する。なぜこれが最良といえるのか。端的にいえば、具体理想主義の政治的バージョンだからだ。

社会において多様な個性をもつ種々の個人は、相互に相異なる欲望を抱く。それをそのまま実現に移そうとすると、必然、ガッチャンコ、個々人の間で争闘が始まってしまう。だから、彼らの意志を「代表（representation）」［1918/39］する卓越者が欲望の整理整頓、調停役に入らねばならない。まあまあ、この場は代わりにあずかるよ。

お分かりだろうか？　ほとんど具体理想主義の図式そのままだ。お手軽に使える理想としての「方針」――ちなみに欲望から方針を引き出してくるこの論理を『徹底個人主義』では「代償」［1918/39］とも名づけている――。これが政治になると、卓越した代表者がその役割に相当する務めを担うことになる。じゃあ、その卓越者ってのはどういうふうに決めたらいいのか？

「代表政治、即ち、代議政治（Representative Government）からの類推よりして、代表は多数の投票に依ってのみ作られ得るものと信じて居る。が、是れは全然一つの錯誤に過ぎない。結局、如何なる

方法に依るとも、正しき作用を有つ代表を作ると云ふことが肝要なのである」［1918/262］

さらに挑発的な引用をもう一つ。

「何人の価値も一に数へ、一以上に数へぬと云ふことは、たゞ、共同生活の保障たる法理上の仮定に過ぎない。賢人の一票も、愚人の一票も、一票である以上は其の間に価値の相違を全然認めまいとする信仰ぐらゐ、経験に反し、理屈に反した態度はない」［1918/285］

選挙での投票は代表選びのための単なる手段であって目的ではない。だから有益な結果のためなら、ある一群の人々には一人二票くらい与えたっていいのかもしれない。このような考え方は容易に少数の選抜者が大衆を率いていくエリート主義を連想させる。

その懸念は半分は当たっているが、あとの半分は微妙だ。というのも、そこで代表に選ばれる卓越者、王堂のいう「偉人」は、グラデーションをなしている凡夫たちのなかの一帯にこそ認められる。つまり、社会における卓越と代表は、「無数の段階」をもっていて、「偉人とは比較的にこの段階の上辺に立つ人々に与へられた名称」［1918/272］にすぎないからだ。代表者は、単に頭がキレるだけでなく「総べての被代表者の欲求を理会するの聡明と、其等を醇化し、統一するの才幹とを有つ」［1918/262］ことが求められている。

卓越してたからって独断先行はご法度。他人への理解力が乏しければ優れた能力も政治においてはは使いものにはならない。

どちらも哲人主義

王堂は専制主義と民主主義を、どちらも代表の選出方法だけが異なる同じ形式の政治思想であると理解する。

外見は大きく異なるが、どちらも哲人主義の異名なのだ。「哲人政治は政治の類名である。専制政治、若しくは、代議政治は、其れの種名に過ぎない。政治は、いつの時代のでも、其れを生活の機関の一つとする人間の根本性よりして、必然に、哲人政治であらねばならぬ」[1918/294]。政治とは常に哲人政治の一元論のことを指し、専制主義も間接民主主義もその外見的なバリエーションで、実は対立していない。

プラトンの『国家』を読んだことがある人ならば、彼が寡頭政や民主政を斥けて、哲人王が統べる独裁政体が最も素晴らしい、と述べていたことを思い出すかもしれない。一見、王堂流哲人主義はプラトンの焼き直しのようにみえる。

が、テオリアを「見方」に訳し直した彼の才覚がここでも大きく働いている。つまり、「プレトオは哲人の資格として智力のみを抽象」〔1918/300〕してしまった結果、バランスを欠いた政治を誤って理想化してしまっている。頭がいいからっていい政治ができるわけじゃない。理想をイデア界に求める必要がないように、哲人主義も程度的卓越者に任せるのが吉なのである。

このような思想翻訳力を、後期王堂の言葉で「改釈」と呼んでもいいかもしれない。改造とか改価とか改整とか、王堂はとにかく改という字が好きな男であった。解釈ならぬ改釈とは、次のように規定されているものだ。

「改釈とは自分の工夫したると、他人の工夫したるとを論ぜず、又、自国民の産出したると、他国民の産出したるとを論ぜず、情操にしても、学説にしても、制度にしても、其の他、何んにしても、苟《いや》しくも実際生活に関係あるものならば、若しくは、其れを利益するやうに関係せしめられるものならば、其れの要求を標準とし、其れの命令に随つて、其れの一部とするために適当に其等の意味を変更するのを言ふのである」〔1925/116〕

アメリカ哲学とは別の仕方で

王堂はデューイを筆頭としたアメリカ思想圏でプラグマティズムを学んだ。が、右に明らかなように、その著作は単なる輸入や紹介の域を超えた独自の成長を遂げている。思えば、残された数少ないデューイ論では、「真正なる哲学者は彼等の属した国民の生活の結晶」で、だから「ヂユウエイの哲学は、卓然として、米国人の、若しくは、米国文明の哲学である」〔1921/243〕と述べられていた。プラグマティズムにはアメリカ人の生活が染みこんでいる。そういうふうに哲学には、それぞれで異なるお国柄があるのかもしれない。

必然、デューイの猿真似をしても日本人の生活において《使える》思想になるはずはない。そんなことを考えて、王堂は師を積極的に語ることを控えたのか。王堂によるいささか軽薄な翻訳は、プラグマティズムを日本人がプラグマティックに使うための、思想の心根での逐語訳だったのかもしれない。

こういったある種のナショナリスティックな感覚は、『二宮尊徳の新研究』や『福沢諭吉』といった、人物伝の仕事にも活かされる。プラグマティズムなんて海外からわざわざもってこなくたって、既に日本で生きられていたではないか、というわけだ。

タゴールに反駁す

興味深い評論がある。『卿等のために代言す』所収の「タゴオル氏に与へて氏の日本観を論ず」だ。ラビンドラナート・タゴールは、インドの詩人で、アジアで初めてノーベル文学賞を受賞したことで有名だ。日本への関心も深く、美術運動家として国際的に活躍した岡倉天心とはお友達、来日して日本の政策批判をふくんだ講演を行ったこともある。王堂は、その大正五（一九一六）年に数度開催された演説、とりわけ「日本の精神」と題された演説に対して批評を試みている。

タゴールは日本文化を絶賛し、過度な西洋化でそれが壊れてしまうことを戒めた。しかし、王堂によれば、日本が辿って来た西洋化の歴史は、日本国の独立、つまり植民地支配に拮抗するための手段であって、そこには完璧ではないにしろ「大体に於て、賢くあり、正しくあつた」[1917/65] 点を認めなければならない。

ここまでなら単なるナショナリストで片づけていいように思えるが、王堂はこれに加えて、西洋に、また東洋（日本）に独自の文化がある、というような見解を次のように斥けている。少し長いがちょっと引いてみる。

「東西文明の融合と云ふことを頻りに高唱する人々の考への中には、こゝに、東洋文明と云ふ一つの体系があり、かしこに、西洋文明と云ふ他の一つの体系がある。〔中略〕然し、実際の生活に於ては、決して、そんな風に東西の文明は一度でも融合されたことはないし、又、到底、され得るものではありません。〔中略〕其れを実行して居る個人の覚悟は、たゞ、彼れの事業の繁昌を図るがために、或は、彼れの芸術の発展を策するために、彼れが置かれた境遇に居り、彼れが有てる力量を活ら《ママ》かして、彼れが利用し得る方便を利用すると云ふだけであります。そして、是れだけの事は、人間である限りは、誰れでも行つて居る事であります。行つて居らねばならぬ事なのであります」

[1917/73-75]

現代語訳してみる。使えるから使うだけ。アメリカとか日本とか、どこ産とかあんま関係ないっしょ。日本が西洋を模倣してきたのだって別に理念に同意したからじゃなくって、やっとかないと、ヤバいかなー、って思っただけなんで。そもそも、どの国の連中だって、みんなそんな感じでしょ？

プラグマティック文明論ここに極まれり。この文明観には、舶来品をただただ礼賛するインテリ輸入業者にも、日本スゴイを馬鹿の一つおぼえで繰り返す国粋主義者にもない、イデオロギー・フリーな（というものがあるとして）現実的視線と問題解決への姿勢が活きている。

味噌汁でパンを食うかのように

王堂は国家や文明というマクロな観点を語る一方で、その根底に譲れない個人主義、不可侵の個人というユニットを認めてもいる。

徹底個人主義とはそもそもそういう意味だったし――ジェイムズには『根本的経験論 Essays in Radical Empiricism』という著作があるが、王堂が使う「徹底」の語はこの radical に由来しているように思われる――、日本への初期プラグマティズム受容を振り返った『解放の信条』所収「プラグマチズムの後」では「経験を個体化することと、事件を流動化すること」〔1914/31〕にキモがあったと念を押している。

大仰な文明論に冷や水を浴びせるのも、等身大の個人の生活のなかにこそ文化や文明が真に発揮されている場面があると考えるからだ。

昨日の味噌汁が残っていれば朝がパンだって構いやしない。もったいないの精神で一緒に食う。食ってみれば案外ミスマッチでもないのだ。これはなんだ。我々の日常であり、我々のプラグマティズムである。お題目によって先導されるのではない地に足のついた思想の実践がここにある。

人は理念で結ばれるのではなく、便利で結ばれるのかもしれない。個人の日常生活から世界情勢まで。小さな私と大きな世界をつなぐ生きた思想、というよりも生きるほかありえない思想がここにある。

日本のプラグマティズムの門をたたく者、すべからく田中王堂に刮目すべし。

〈引用文献〉

[1903] ジェイムズ、ウィリアム『心理学精義』、福来友吉訳、同文館。
[1906a] 田中王堂「桑木博士の『「プラグマティズム」に就て』を読む」(前篇)、『哲学雑誌』六月号。
[1906b] 田中王堂「桑木博士の『「プラグマティズム」に就て』を読む」(後篇)、『哲学雑誌』一〇月号。
[1906c] 桑木厳翼「田中君に答ふ」、『哲学雑誌』一一月号。
[1911] 田中王堂『書斎より街頭に』(第三版)、広文堂。
[1913] 田中王堂『吾が非哲学』、敬文館。
[1914] 田中王堂『解放の信条』、栄文館書店。
[1917] 田中王堂『卿等のために代言す』、広文堂書店。
[1918] 田中王堂『徹底個人主義』、天佑社。
[1921] 田中王堂『創造と享楽』、天佑社。
[1925] 田中王堂『改釈の哲学』、聚芳閣。
[1952] 仁戸田六三郎「田中王堂」、『英文学』第四号、早稲田大学英文学会。
[1980] 磯野友彦「田中王堂とジョン・デューイ」、『日本デューイ学会紀要』第二一号。

〈引用しなかった参考文献〉

- 桑木厳翼「「プラグマティズム」に就て」、『哲学雑誌』一月号、一九〇六年。
- 大井正「日本におけるプラグマティズム——とくに明治・大正時代における」、『高崎論叢』第三巻第二号、高崎市立短期大学学会、一九五六年。

- 浮田雄一「近代日本哲学とプラグマティズム（2）――桑木厳翼の主意主義批判」、『日本デューイ学会紀要』、一九八五年。
- 小倉脩三『夏目漱石――ウィリアム・ジェームズ受容の周辺』、有精堂、一九八九年。
- 姜克実『石橋湛山研究』、早稲田大学博士論文、一九九一年。
- 上田博『石橋湛山――文芸・社会評論時代』、三一書房、一九九一年。
- 堀真清「田中王堂研究・覚書」、『早稲田政治経済学雑誌』、二〇〇二年。
- 毛利嘉孝『ストリートの思想――転換期としての１９９０年代』、ＮＨＫ出版、二〇〇九年。

第三章

政経×プラグマティズム＝石橋湛山

王堂先生、マジ、リスペクト

田中王堂の墓碑銘には次の文句が刻まれている。「徹底せる個人主義者、自由思想家として最も夙《はや》く最も強く、正しき意味に於て日本主義を高唱し、我国独自の文化の宣揚と完成とに一生を捧げたる哲学者、王堂田中喜一此処に眠る」。

これを書いたのが、早稲田大学で王堂の授業に感化され、卒業後はジャーナリストとしてリベラリズムの論陣を張り、やがて敗戦後七人目の首相にまで登りつめた石橋湛山（1884-1973）である。湛山はいう。「古い先生の思い出を語る場合、どうしても省くことのできないのは、田中王堂氏である。私は、先生によって、初めて人生を見る目が開かれた」［2011/46］。

プラグマティズムを知ってから生活がそりゃあガラッと変わりましたね、いまじゃもう手放せないです、しかもお友達に紹介するとさらにお得なんですよ……というわけでもないが、特に初期湛山の文章には王堂の気風をしばしば感じることがある。

王堂の晩年に『王堂全集』刊行を仲間と企画したのもほかならぬ湛山その人。中途半端なものを出したくないという王堂側の理由でその計画は頓挫したが、そのリスペクトの度合いは、たとえ講義について詳述した記録を残していなくても、かなり深いところまで達していただろうことは容易に推察される。なお、全集ではないものの、昭和二四（一九四九）年には王堂選集が全四巻で、平成二二（二〇一〇）年には王堂著作集が全六巻で刊行されている。

坊主とジャーナリスト

明治一七（一八八四）年の東京、日蓮宗の坊さんの息子として生を享けた湛山は、元々は省三という名を授けられた。一八歳のときに湛山と改名している。父親は湛誓といったがのちに日布と改名した。

お分かりだろうか。せっかく湛誓に合わせて湛山にしたのに、お前がブレるんかい、って話である。この改名親子面白エピソードが象徴しているように、幼年期の湛山は、父親とそこまで深い関わりをもって成長したわけではなかった。地方の寺で働かねばならない用があったため、きちんと同居したのは七歳のときが初めて。それも、一〇歳になると父の命で別の住職の下で育てられるから、都合三年で終わってしまう。

むしろ、湛山に大きな影響を与えたといわれているのが、少年期に預けられた先となった山梨県は長遠寺の住職、望月日謙《もちづきにっけん》だ。のちの愛郷心《パトリオティズム》にも通じていく日蓮宗の教えはここでつちかったものだといわれている。

早稲田大学に入学した湛山は、王堂の授業に大いに啓発され、明治四〇（一九〇七）年に卒業した後は、東京毎日新聞社に入社。そして一年志願兵としての兵役期間を挟んで、その三年後に言論活動のホームとなる東洋経済新報社に転社し、いよいよジャーナリストとして名を売っていく。

枝分かれする具体理想主義

最初期の評論「観照と実行」では、こういうことが述べられている。

世の中にある真理は不変であるとみんな信じている。けれども、それは間違いだ。「真理（理想でも美でも同じだ）は常に時と処とに因って変化する」［1971a/4］。いまある世界と真の世界という二分法を信じるな。変化する環境に自分が順応することのできる「方針」をつくること、その目的にこそ、哲学や宗教や科学の第一義がある。

「我々は過去の経験から、例えば火は熱く、水は冷たく、太陽は東から出でて、物は大地に向って落つる等の諸多の事実を知る。而して此れが過去の経験に於て謬らなかった処から推して、将来も然《しか》あるべしと予測し、生活の方針とする。即ち特殊《パーチキュラース》（個々の過去の経験）から普遍《ユニバーサル》（生活の方針）を作る。で若し特殊に変更がある、即ち新経験が起れば、其れに応じて普遍を変更する。是れが我々の生活、境遇順応の方法である」［1971a/10］

生活、方針……なんかデジャヴ。そう、具体理想主義である。経験の蓄積によって理想の方を微調整してもOK。王堂のプラグマティズムを正確になぞっている。

これが発表されたのは、明治三三（一九〇〇）年のこと。王堂が第一評論集『書斎より街頭に』を出そうとしているあたりのことだ。おそらくは、評論で展開される具体理想主義の秘伝を授業で同時並行的に伝授されていたのだろう。

実際、具体理想主義は、のちの湛山の経済観の根底をかたちづくることにもなった。ある講演会で湛山は、「有限の手段を無限の欲望に向って如何に分配すれば、最も多く我々の欲望を満足せしめ得るか」を判断するのが「経済」である、と定義している［1971b/499］。いうまでもなく王堂的な見解だ。王堂は自分の思想を政治学（代議制）として展開したが、湛山はそれを経済学にももってくる。

東洋経済新報社に入社して以降、湛山は経済評論家として活躍し、農業政策の提言やインフレーション理論の紹介などを行った。政治家時代ふくめ、彼がえんえん経済的政治的目標として掲げていたことの一つに完全就業状態（失業者が皆無でみんな満足）がある。彼が掲げていたリフレーション政策、つまりはデフレ（ものの値段が下がってカネが価値を増す）を脱却するもインフレ（ものの値段が上がってカネの価値が減る）には至らない状態へのロードマップも、その目標を実現させるために求められたものだ。

電車独学術

とはいえ、はなから経済学に興味津々というわけではなかった。入ったのが経済の会社だし……と、必要に迫られて、付け焼刃にも似た仕方で学んだのが最初の一歩。通勤電車内で経済学の専門書、セリグマンから始まり、マーシャル、アダム・スミス、リカード、マルクス等々を読みこんで、独学に励んだ経験がのちに活きた。

独学はとかく難しい。やる気がつづかないし、忙しくて時間も捻出できない。現在では読書猿『独学大全』のような、独学の方法それ自体を事典化させたような書籍もあるが、そのようなアシストなしに未知の学問に立ち向かうのはたいそう骨の折れることだったに違ない。

大変ではあるが、しかし、電車内で覚えたことのすべてを記憶しておく必要はない。後年の回想だが、「読んだ中から、実際に役立つと思う点を拾い出し、それを自分の書いたり、実行したりすることに応用した。シロウトの経済学は、それで良いのではないか」、と〔1970/470〕。『独学大全』で紹介されている技法でいえば、「掬読《きくどく》」（必要な部分だけ読み取る）と「筆写」の合わせ技だ。そんな積み重ねで、『金解禁の影響と対策』や『インフレーションの理論と実際』といった書物まで書いてしまったのだから大したものだ。

無料よくない論

湛山は大正三（一九一四）年、官僚支配から脱し、日本をいかに民主化するかを議論する自由思想講演会という演説会を企画し、そこに師である王堂を招いている。しかも、「自由思想講演会という名は、英語のフリー・シンキングから取ったもので、王堂氏の提議によった」〔2011/151〕という心酔ぶり。王堂の影響は卒業後にも響いていた。

この講演会の大きな特色として、湛山は、たとえ五銭や一〇銭とわずかであっても聴衆からきちんと入場料をとった、との思い出を明記している。お金が必要と知ったとたん怒って帰る人もあったそうだが、それでも有料制はやめなかった。なぜならば、有料というハードルが聴衆の質を担保するフィルタリングとして機能したからだ。

「わずかばかりの入場料を取ったとて、どれほどの経費の足しにもなりはしない。しかも聴衆はいくらか減るに違いない。けれども私の経験によると、無料の講演会には、ほんとうに聞く気でなく、いわゆる冷やかしにはいって来るものがある。それは、まじめな経済講演や思想講演には、じゃまになる」〔2011/153〕

よかれと思ってフリーに開放すると、ちょっとヤバい人が乱入した結果、滅茶苦茶になって場そのものがオジャンになっちゃいました……集会あるある。金を支払うということは、それでどれだけ懐が潤うかという実利の手前で、最低限の真剣さやコミットメントの意志を確かめるための便利な手段でもある。

守銭奴になんかならなくたっていいけど、お金をうまく使うことはプラグマティズムにとっても決して無視できないアイディアといえるはずだ。なにせ、ジェイムズなどはプラグマティズムの基準を「現金価値」〔1959/60〕の有無、つまりキャッシュ・バリューの比喩に託すことで多くの識者から顰蹙《ひんしゅく》を買ったほどだったのだから。

哲学の専門家は、「実用主義」と訳される側面を強調することで深遠なきプラグマティズムの卑近を嗤い、そうでないタイプの専門家は、そもそも真のプラグマティズムは「実用主義」などとは無関係なのだと思想のハードコア化を進める。けれども、もし人々の実生活と地続きにある点にプラグマティズムの長所を認めるのならば、ビジネス哲学的なその軽薄さをただちに誤解と斥けていいかどうか、一考の余地はありそうだ。

師匠よりもリベラルに

湛山の自由思想は、当時いまだ完成途上にあった普通選挙の実現に向けられていく。思えば、王堂にとっても具体理想主義の政治的バージョンは代議制であった。世の中いろんな欲望があるよね、整理しないと台無しだよね、そういうことで代表者よろしく。

弟子の湛山も基本線ではこれを継承している。ただし、王堂にはエリート主義とみられかねない哲人政治への期待があったことは忘れてはならない。いま一度引用してみれば、「賢人の一票も、愚人の一票も、一票である以上は其の間に価値の相違を全然認めまいとする信仰ぐらゐ、経験に反し、理屈に反した態度はない」〔1918/285〕。

このような見解は、みな等しく投票権をもつべきだとする湛山のリベラルな感覚からすると受け入れがたい提言だったに違いない。難癖つけて投票に制限をかけようとする連中こそ政治を我が物顔で独り占めする勘違い野郎どもだ。一票は一票なんで。エコヒイキなんてしません。

たとえば、「最も自由の思想を抱けりと称せらるる人士さえ、尚十分に民衆主義の意義を暁《さと》らず、哲人主義ならぬも、少なくも賢人政治位の夢を抱けり」〔1971a/347〕のような一節には師・王堂へのあてこすりを読んでもいいのかもしれない。山口正が「対照的な見地」〔2013/68-69〕を認めるように、ここには師弟といえども譲れない一線がある。

冷笑主義は許さない

一例を挙げよう。大正元（一九一二）年、湛山は激昂していた。矛先は、ドストエフスキー『罪と罰』を訳したことで有名な文筆家の内田魯庵。魯庵は、選挙の投票に際して、必要な認印を忘れてきてしまったために面倒だから投票せずに帰宅した、という小話をエッセイに書いていた。
湛山はこれが気に食わない。こういう連中の「超然として」「何か世の中を冷眼で見るという風な態度」に憧れる心性、いわゆる冷笑家には先手を打って、「呆れかえって、ものがいえない所存」とピシャリ。さらに追撃はつづく、「若し日本国民に少しでも立憲的精神があるならば、正に氏の如きはリンチすべきものである」[1971a/227]。

選挙に行かないと、ボコられる、ボッコボコである。

湛山が普通選挙にこだわったのは、それが「国民全階級の利害を代表せしむる」稀有な手段だと考えていたからだ。最善でないにしても、「之れを自覚すると同時に、直ちに之を改善し得ること」が期待できるのが民主主義のよいところだ[1971a/319]。この可謬主義的政治観は、「議会政治は総ての場合に「総てか《(オール》、然ら《オワ》ずんば無か《ナッシング)》」の態度を許さぬ。常に妥協であり、譲歩であり、漸進」[1971c/196]という性格にも及んでいる。

湛山は戦前の好戦的論者に対して一貫して反対、または慎重の立場をとっていたが、社会主義者や文学者に人気な極端な絶対平和論の夢想にも賛同しなかった。「世の中には何事も徹底と言うので、実際に実現し得ぬような改革意見を立て、それに合わぬと直ちに排撃する人達がある」が、彼らはそれでなにをしたいのだろう。正論で飾り立ててイイ子になったからって現実が改善されるわけでもない。それは本当の「徹底」ではない。「仮令形式は折衷でも、妥協でも、歩一歩或る目的に向って堅実に進む議論乃至運動こそ、真に徹底したもの」なのではないか［1971d/110］。

とはいえ、晩年回想するところによると、「どうも僕の考えることは、世間の実際を知らずに勝手なことをいって、みずからの議論のすさびにしていたふうがあった」［1994/52］と、その血気盛んな若気の至りを反省することもあったようだが。

象牙の塔としての評論

湛山は政治評論を発表するだけでなく、昭和二一（一九四六）年、実際に日本自由党の政治家として立候補した。結果は落選。が、第一次吉田内閣の大蔵大臣に就任する。いや、それだけではない。その一〇年後には、岸信介とライバルになるかたちで自民党総裁選に挑み、みごと勝利。総裁、内閣総理大臣の座にまで登りつめたのだ。プラグマ道も極めると総理大臣になれる。

では、そもそもなぜ一介の評論家が政治家になろうとしたのか。

「私が実際政界に飛出して行っても、どれ程の事が出来るか、恐らく失望することが多いかと思いますが、何か自分の国民としての義務、若くは多年政治経済その他の問題を論じて来た立場として単に評論の、謂わば象牙の塔に籠って居るだけでは相済まない、及ばずながらもこの際政治の第一線に出て、国家、国民の為に微力を尽す必要があるのではなかろうか、という感じにだんだん強く襲れて参りました」［1970a/174］

なんてことはない、いかにも政治家が言いそうな面白みのない出馬宣言だが、評論を「象牙の塔」と明言しているところに、少なからぬ驚きを覚える。というのも、師匠の王堂にとって評論とは「理論と実行との統一」であったからだ。

もはや湛山にとって評論なるものは実行成分の薄い、水でのばしすぎたカルピスみたいなものだ。むしろ、白い水。よくもわるくもルビコン川を越えた者は、言いっぱなし、書きっぱなしの放言で満足することは許されない。

小日本主義とはなにか

ところで、戦後の評論家に鶴見俊輔という男がいた。政治家である後藤新平を祖父にもち、父は鶴見祐輔という政治家にして小説『母』で知られる作家先生。エリート一家のもとに生まれ、その後、アメリカ留学のなかでプラグマティズムを学び、帰国後は『思想の科学』という思想誌の編集やべ平連合（ベトナムに平和を！市民連合）などの政治運動に尽力した。

先回りしていえば、鶴見俊輔は本書のキーパーソンの一人であり、踏み込んだ紹介は第八章で取り組まれることになる。鶴見が貴重なのは、デューイに偏重した日本のプラグマティズムにあって、パースの影響下のなかで思考をはぐくんでいった人だったからだ。さらに、鶴見は日本のプラグマティズムを歴史的に総括する姿勢を多くの著書で見せており、それら著作群は本書にとって直系の先達に当たる。

友人である黒川創を聞き手に三回の談話をまとめた『たまたま、この世界に生まれて』では、日本のプラグマティズムを考えるなかで、やはり王堂から湛山への系譜に注目しながら、特にその「小日本主義」を高く評価している。小日本主義とは、領土拡大に目がくらんだ植民地支配から離脱し、外国へとずかずか攻め込むのではなく与えられた小さな地歩（日本列島）でよしとするミニ・ナショナリズムのことだ。

「国策として、どういう日本をめざせばいいか。採るべき方針は小日本主義だ、と湛山は言うわけ。考えてみると、これは、パースのプラグマティック・マクシムにぴったり合うんだよ。小さい、自足した見事な国をつくればいいという実験計画がある。大東亜戦争をやって、「大東亜ってどこまでなんですか」っていうぐらいに、戦争の勢いでそれさえどんどん変えていくような四半世紀後の日本の国策とはまったく別の考えを、湛山はもっていた」［2007/176-177］

格率ふたたび

復習しよう。プラグマティズムの格率とは、ある言葉の意味を知りたいのならば、辞書引き合戦でケリをつけるのではなく、実際の帰結でもって定義すべきだ、ということだった。《硬い》の意味を知りたい子供に、《柔らかい》の反対のことだと教えてもしょうがなくって、実際に《硬い》で何かが壊れたり耐えたりするさまを実演してやった方がいい。

同書の鶴見の言い方でいえば、「考えとは、それを何らかの実験にかけてみて、真理であることがわかる実験計画である。〈中略〉考えとか概念とかというのは、ふわふわしてつかまえどころがないでしょ？　それをピンでとめたわけ。あるアイディアを取り上げようとするとき、それはこの定義に値するか？　というふうに問い返すわけね」［2007/82］。

果して、鶴見のいう「小日本主義」が格率を表現しているといえるか。疑問に思わなくもないが、言わんとしていることは分かる。

鶴見の初期傑作論文に「言葉のお守り的使用法について」という文章がある。これは戦中にさかんに口にされていた「国体」や「皇道」、具体的になにを指しているのか意味不明なのにとりあえずこれを用いておくと誰からも除け者にされないマジックワード成立のありようを分析したものだ。「国体」という言葉はずいぶん「ふわふわ」しているが、語の意味を厳しく詰めなくても、その使用自体が、だよねー的なノリのなかで仲間の承認を与え合うコミュニケーションに奉仕する。

少し補足しておくと、だからこれは戦中に限った問題ではなく、「民主主義」のように戦後でも相変わらず観察できる言葉の使用法でもある。「ネオリベ」っていっておくとなんでもかんでもみんなと一緒に糾弾できる……みたいな。

このような現象を批判的に捉える鶴見の観点を借りていえば、大日本主義と呼ぶべき帝国主義が、いま目の前にない国を夢想するのとは反対に、それって定義できるんスか？　そのふわふわ、もっとかっちかちにできないんスか？……とツッコミを入れていくことで、計画を成り立たせる言葉の「お守り」化をふせぎ、より現実的なものに導いていこうとする姿勢は、なるほどプラグマティズム的といえなくもない。信じがたいかもしれないが、戦前には日本が中心となった大東亜共栄圏というデッカい世界統一構想があったのだ。

資本は牡丹餅、土地は重箱

有名な評論「一切を棄つる覚悟」で湛山は日本の植民地政策に関して次のように述べている。

「古来の皮相なる観察者に依って、無欲を説けりと誤解せられた幾多の大思想家も実は決して無欲を説いたのではない。彼等は唯だ大欲を説いたのだ、大欲を満すが為めに、小欲を棄てよと教えたのだ。〔中略〕我国民には、其大欲がない。朝鮮や、台湾、支那、満州、又はシベリヤ、樺太等の、少しばかりの土地や、財産に目を呉れて、其保護やら取り込みに汲々としておる。従って積極的に、世界大に、策動するの余裕がない。卑近の例を以て云えば王より飛車を可愛がるヘボ将棋だ」〔1971/10-11〕

将棋の勝利条件は、相手の王をとることだ。いくら強力だからといって大駒を並べて悦にいっても、勝つことができないばかりか、自軍の王をとられればそれでお仕舞い。飛車だけたくさんもってたってしょうがないだろ、本丸を忘れるな、これが小日本主義者のアドバイスで、そのためには大きくなりすぎない方が小回りが利くよ、というわけだ。

鶴見が湛山を評価するのは、要するに、言葉（植民地支配政策）がどんな結果（国防的負担の増大）をもたらすか、考えれば自ずと答えが出るでしょう、というプラグマティズムの政治的応用を読み取っているからに違いない。

湛山曰く、「資本は牡丹餅で、土地は重箱だ。入れる牡丹餅が無くて、重箱だけを集むるは愚であろう」［1971/29］。けだし名言である。

無力なプラグマティズム？

湛山の小日本主義は、鶴見が評価するように、客観的には実効的で堅実な提言だったかもしれない。しかし少し後ろを振り返ってみれば、湛山の主張は当時は受け入れられず、日本は歴史的な敗戦に向けてひた走っていったのだった。

堅実な提案だったはずなのに、それが実行されるとは限らない。可謬主義は、決して理想《イデア》先導的に計画を立てるわけではないが、いまある現実をただ機械的に繰り返すような反復、日常の単なる延長を促すわけでもない。少しずつ間違いを修正して正しさに近づこうとしなければならない。はなっからダメ出しOKの姿勢で構えることが求められている。

反対に、その用意が整っていないのならば、どんなに現実的なアイディアも、いまさらやめられないよ……他人（他国）はみんなやってるし……、といった慣習的ななしくずしで押し流されてしまう。いや、ときに夢想家のレッテルさえ貼られてしまうかもしれない。

社会ってのはそう簡単にいかないんだよ、きみも大人になれば分かるさ。いやいや、プラグマティックなのはこっちなのに！

ピーチクパーチクうるせーダメ出しができるためには、いまある現実から一歩二歩遊離して到達すべき理想の視点からものを考えねばならない。けれども、その落差を衝かれたとき、プラグマティストのお株、確固たる経験に立脚するという面目は、自称リアリストの有象無象に奪われてしまうのではないか。

湛山の思考の背後には自分たちが目指すべき世界像への強い信念があり、それは坊さんの息子という宗教的な背景が大いに関係しているようにみえる。では、それを共有しない者にとってプラグマティズムから発する言葉の数々は空疎に響くだけなのだろうか。

昭和三一（一九五六）年一二月二三日に内閣総理大臣に指名された湛山は、翌年、以前から行っていた全国への遊説行脚が体に障り、緊急入院した。結果、そのとき総理大臣の座を争っていた岸信介に席を譲る。在任期間はたったの六五日だった。

〈引用文献〉


田中王堂［1918］『徹底個人主義』、天佑社。

ジェイムズ、ウィリアム［1957］『プラグマティズム』、桝田啓三郎訳、岩波文庫。

石橋湛山［1970］「シロウトの経済学」、「日本再建の方途」、『石橋湛山全集』第一四巻収、東洋経済新報社。

石橋湛山［1970a］「衆議院議員立候補に際して」、『石橋湛山全集』第一三巻収、東洋経済新報社。

石橋湛山［1971］「一切を棄つるの覚悟」、「大日本主義の幻想」、『石橋湛山全集』第四巻収、東洋経済新報社。

石橋湛山［1971a］「観照と実行」、「選挙権拡張の要義」、「唾棄すべき文士の態度」、「桂公の位地と政党政治の将来」、『石橋湛山全集』第一巻収、東洋経済新報社。

石橋湛山［1971b］『インフレーションの理論と実際』、『石橋湛山全集』第八巻収、東洋経済新報社。

石橋湛山［1971c］「政友民政以外の議員は大同団結せよ」、『石橋湛山全集』第六巻収、東洋経済新報社。

石橋湛山［1971d］「世界平和同盟私案」、『石橋湛山全集』第二巻収、東洋経済新報社。

石橋湛山［1994］『湛山座談』、岩波書店。

鶴見俊輔［2007］『たまたま、この世界に生まれて――半世紀後の『アメリカ哲学』講義』、編集グループSURE。

石橋湛山［2011］『湛山回想』、『石橋湛山全集』第一五巻収、東洋経済新報社。

山口正［2013］「田中王堂の哲人主義――石橋湛山の民衆主義との比較」、『自由思想』、石橋湛山記念財団。


〈引用しなかった参考文献〉

- 鶴見俊輔「言葉のお守り的使用法について」、『鶴見俊輔著作集』第三巻収、筑摩書房、一九七五年。
- 増田弘『石橋湛山――思想は人間活動の根本・動力なり』、ミネルヴァ書房、二〇一七年。

1　読書猿『独学大全——絶対に「学ぶこと」をあきらめたくない人のための55の技法』、ダイヤモンド社、二〇二〇年。

第四章

教育×プラグマティズム＝田制佐重

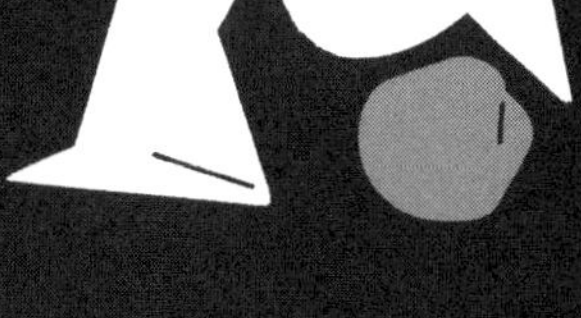

謎めいた男

新居に訪れた来訪者たちを石橋湛山の妻、石橋梅子が「大杉潤作、田制佐重、波多野精一さんなどもたびたびこられた」[1972/7]と回想している。この真ん中にでてくるのが本章の主役、田制佐重である。

これでスケシゲと読む。が、色々な著書でのルビには「さぢゆう」とふってあるから、サジュウでも良いという説もある。吉本とくれば、タカアキでもリュウメイでもどっちでもいい系男子である。

それにしても、この田制という男、マイナーすぎてほとんどろくすっぽ研究されていない。

稀有な報告の一つ、竹村英樹「田制佐重の教育社会学」によれば、明治一九(一八八六)年一一月二五日に山形県で誕生した田制は、新潟の中学教諭を経て、最初は翻訳家として、つづいて著述家として東京にて生業を立てる。戦後は早稲田大学の講師になって、主にアメリカの教育社会学を教えた。昭和二九(一九五四)年一〇月三〇日、脳貧血で倒れ逝去。

竹村は研究貧弱の原因として、「田制は戦前において、在野の研究者であった。戦後になって早稲田大学で教鞭をとるが非常勤講師であり、大学人としてのキャリアのウェイトは少なかった」

〔1994/49〕と、その在野的来歴を挙げている。

なお、官立大学との対抗意識をもって誕生した明治初期の私立学校は、なにかとその在野精神を喧伝しがちだが、結果的にはこれは日本のプラグマティズムにも大きな特徴を与えたようにみえる。アカデミックな哲学研究の主流はドイツでアメリカは傍流でしかなかったことはもう述べたところであるが、王堂は東京専門学校（早稲田大学）の人脈のなかで活動した人であったし、湛山は早稲田での授業で王堂に感化された。そして田制はそんな湛山の同窓でもあった。植田清次というプラグマティズム研究で博士号をとった知る人ぞ知る学者も早稲田なので決して偶然ではない。

デューイに先行するシラー翻訳

日本におけるデューイ受容に関して、少しばかり注釈しておく。

梶井一暁の論文「日本におけるデューイ研究史の特色と課題」によれば、明治二一（一八八八）年、元良勇次郎の「米国心理学の近況」を発端の紹介として、日本人はデューイ当人の生涯の歩みと同時並行してその考えを摂取してきたことが分かる。近代教育学がまだ自立していなかった時期のため最初は哲学畑の人々がこれに取り組み、次第に教育学的に本格化していった。幼児教育学の大家になる城戸幡太郎、王堂と同じくデューイが所属するシカゴ大学で学んだ帆足理一郎など枚挙にいとまがない。

もう少し玄人好みだと、日本女子大学校を創設し女子高等教育の礎を築いた成瀬仁蔵も挙げておこうか。成瀬は、デューイの主要著作を個人で全訳したスゴイ学者、河村望の一推しの人だ。人間の科学新社からデューイ＝ミード著作集というのが何巻にもわたって刊行されている。訳者あとがきが既存訳にことごとく喧嘩腰で笑える。

田制もそんななかの一人と捉えて、とりあえずは支障ない。というのも、田制は大正八（一九一九）年にデューイ教育論の主著『民主主義と教育』の翻訳、『民本主義の教育』を世に送り出した書き手だったからだ。『民本主義の教育』は抄訳であり、同年、帆足理一郎が『教育哲学概論』（洛陽堂）のタイトルのもと全訳を刊行するが、とまれ、いち早くその教育論の翻訳に取り組んだ人であったといっていい。

ただし、それ以上に田制に注目したいのは、彼がフェルディナンド・カンニング・スコット・シラー（Ferdinand Canning Scott Sciller, 1864–1937）の文章を、独自に編纂した『プラグマティズム』なる大正五（一九一六）年の本でもって、日本で初めて翻訳出版している点にある。

シラーはジェイムズのプラグマティズムをヒューマニズムと理解したイギリスの哲学者で、王堂のライバル、桑木厳翼が参照していた論者であった。

田制には単なるデューイ屋さんを越えた豊かな翻訳、特にアメリカ教育学を中心にした業績があるが、特別に教育学的とはいえない『プラグマティズム』の出版の背後には、その仕事の本髄として流れているプラグマティズム思想への関心を読んでいい。

巻尺としての人間

シラーはプラグマティズムをヒューマニズムと解する。今日ヒューマニズムというと、人道主義、つまりは人権を大切に、といった道徳の標語として用いられることが多いが、シラー流ヒューマニズムにはそのような含意はない。

「ヒウマニズムは、あらゆる哲学上の立脚点中最も簡単なもの、即ちそは哲学問題は、人間の心意によつて人間の経験世界を理解せんと努める人間に関係するものなることを認知するに外ならぬ」

［1916/19-20］

人道主義というよりも人間中心主義、人間本位主義と訳すべきか。なにごとも、ある個人にとってはその人を離れて存在するはずがない、ということを肝に銘じておくべし。

その特徴がよく出ているのが、古代ギリシャの論客プロタゴラスに対する評価の高さだ。プロタゴラスは人間尺度説を唱えたことで有名。《人間は万物の尺度である》と聞けば、あーあの人かー、と思い出す人も少なくないのでは。この言葉で表現されているのは、シラーに従えば認識の主観的要素を力説したことにほかならない。たとえ幻覚であっても、それを見た人にとっては実際に見たという事実は決して覆らない。ジェイムズの真理論とも共鳴する。

ソクラテスもソフィスト

対して、王堂が彼なりの仕方で愛したプラトンは、プロタゴラスをソフィストだといって罵った。ソフィストはよく詭弁家と訳される。真理の追究よりも人の説得に執心する論破野郎《ロンパッパ》のことだ。

ソフィストは、汝自身を知れ、でお馴染みの哲学の祖・ソクラテスとよく対置される。そして、その際には必ずやなにかにつけて悪者にされている。やれ真理の追究をおろそかにしているだとか、やれ自分の国（ポリス）に愛着をもたず方々で授業料という名目での金儲けをしているだとか。散々である。

そういう怪しいヤカラとは一線を画す（とプラトンによって描写された）ソクラテスは、けれども、考えてみれば、そもそも、若者たちをたぶらかして嘘っぱちをまことしやかに吹き込むソフィストとして都市アテナイで処刑されたのだった。お前も同じ穴のムジナじゃん？　オナアナである。

だから当時のギリシャ人からしてみれば、ソクラテスがソフィストじゃないなんて、びっくり仰天の意見に違いない。プラトンの筆のなせるわざ。というより、ソフィストを否定することで正統な《哲学》なるものが立ち上がったのかもしれない、とは納富信留という学者の『ソフィストとは誰か？』が主張すること。とりあえず何かを否定しておくと特に積極的には示されないけれど《本当の何か》がその背後で立ち上がる……そういうレトリックで無責任にやいのやいのいう連中はいまも後を絶たない。

ソフィストの在野精神？

田制がどこまでまともに受け取っていたのかは不明だが、彼が訳したシラーは次のような面白いことを書いている。

「ソフィスト一派は所謂教授兼記者であり、又一層現代的に形容すれば、『何づれの大学よりも羈束されざる大学教育普及講師』とも言ふべきもので、彼等は自から此の処世成功の要訣を伝授するものと公言した」［1916/89］

プラトンはアカデメイアと呼ばれる学園を創設した。おそらくは、これぞ軽薄なソフィストの金儲け授業とは異なる、正真正銘の正統な学校、と自負を固めていただろう。

しかし、ソフィストたちは学園に属さないにも拘らずアカデミシャンたりうる。しかも、ジャーナリストさえも兼任する。それだから、当然、うさんくさくもなる。が、これは王堂が学術論文からみると破格の格好とならざるをえない評論＝試論の営為に見出した、在野の精神そのものなのではないか。

ちなみにデューイもまたソフィストという「出張教師」をその社会性において評価していた［1918/381］。

スコラは煩瑣

校長先生の朝のお話の鉄板に、

――スクールという言葉はもともと、暇（スコラ）から出てきています。ですから、みなさんもあり余る自由な時間を自分の知らない何かにチャレンジすることで……。

といった話型がある。

スクールが暇に由来しているという語源譚。プラグマティズムからすれば、学校を暇人のものとする見方には、おそらくは素直に従えないものがある。というのも、実際の生活や仕事に役立つことを教えず・学ばずにすますのならば、端から学校なんて行かなくてもいいじゃん、と判断するのが至極真っ当なことだろうからだ。

哲学史にはスコラ哲学と呼ばれる一潮流があった。中世ヨーロッパのキリスト教とギリシャ哲学をドッキングさせたようなもので、そのネーミングは、教会に付属していた学校で教義を伝授していた史実に由来するという。

そのような対照をいまなお用いてみれば、プラグマティック教育論は、教会や修道院といった世俗からは切り離された場所にひきこもりがちな暇人(!)に対して、もっと外に出なさい、と命じる。日曜日のお母さんみたいなものだ。ある意味で、反スコラ。興味深いことに、戦前の訳語だと、たとえば田制自身が訳したデューイ『民本主義の教育』などでもスコラ哲学は「煩瑣哲学」の語を当てられている。

「煩瑣哲学は学芸復興以後屡々批難の語として使用されたのであるが、もと是れ学校又は学者の方法を意味する語であり、其の本質に於て、それは教権的真理を伝達するに適せる教授及び学習の方法を巧に組織化したものに外ならない」[1918/328-329]

暇と煩瑣ってむしろ正反対だろ、と当惑しつつも、坊主や博士を面倒なものとしてうっちゃろうとする気概は伝わってくる。スコラ哲学のなかに位置づけられるドゥンス・スコトゥスという思想家は、その難解さとこまごました論述から《精妙博士》(Doctor Subtilis)とあだ名されていたそうだ。なお、スコラ哲学者たちの○○博士という異名をもっと知りたければ山内志朗『普遍論争』の中世哲学人名小事典をめくるといい。

デューイは後段で「古典崇拝や所謂修養教育の如きも斯くして胚胎し、過去を理想化して以て精神の隠家や慰藉となし、現世の俗事を野卑無価値として排斥するに至つた」[1918/413]とさらなる追い打ちをかけている。もちろん、そんな教育ダメに決まってるだろ、という主旨のもとで。

言葉の使用から考える

デューイの『民本主義の教育』を改めて要約しておけば、教育の目的を共同的な経験の緊密化とこれにより営まれる文明社会の持続に求め、これがために形式や旧弊でこわばった学校教育を改造することにあった。そのこわばりの原因の一つにデューイは学校教育の文字中心主義を認める。文字とはなにかを表すための記号であって、その実際の「なにか」とは一段階遊離した世界に組み込まれてしまっている。言葉の世界と物の世界が分離してしまっている。

「今児童が帽子の観念を如何にして得るかと云ふに、彼はそれを他の人々が使用するやうに使用する結果である。即ち共同活動の原理に拠るのである。例へばそれを頭に冠つたり、それを他人に冠らせたり、外出する時に他人がそれを自分に冠らせたりして、そこで初めて帽子といふ観念が得られる。然し希臘人の兜と云ふ如き何等直接吾々の使用せざるものの観念を或は聞いたり、或は読んだりする場合には、如何に此の共同活動の原理を適用し得べきか」[1918/24-25]

記号「帽子」がその意味を獲得するには、その記号の使用に照らさねばならない。お母さんとお出かけ、熱い日差し、流れる汗、母の荒れた手がなにかを頭にかぶせる……デューイの例を借りたが、こういった具体的シチュエーションのなかでその「なにか」は記号「帽子」と結ばれることになる。

このような見解は、案外、ロバート・ブランダムが代表するような語用論（pragmatics）の観点からプラグマティズムを評価する現代的潮流と響き合っているかもしれない。リチャード・ローティというプラグマティズムを現代的に復活させた著名な学者以後に広まったその新思潮をネオプラグマティズムという。ブランダムはローティの弟子筋である。

言語学には意味論や音韻論などいくつかの分野があるが、語用論はそのなかでも言葉の使用から言語を考える立場をいう。たとえば、

――あそこのレストラン行った？

――壁紙がきれいだったよ。

という会話において我々は後者の人が当該のレストランには行ったが味つけがいまいちであったことを推論できる。料理のお店に関して問いかけているのにそれとまったく関係ない壁紙に話をずらすのは、不味かった感想を皮肉な調子で伝えているからだ。が、そのような用法はいうまでもなくどんな文法書にも書かれていない。鶴見俊輔のいう「言葉のお守り的使用法」も、つまるところ、言葉の意味よりも使用がものをいう語用論的社会分析だったといえる。

語用論は、文法的な意味と話し手が意図する意味とのギャップを聞き手がどのように埋めて理解

できるのか、そのメカニズムを探る学問で、現代プラグマティズムは先に述べてた推論、すなわち絶対に正しく理解できるとは限らないがおおよそは正しい解に到達できる力をプラグマティズム思想の大きな基軸として打ち立てる。ただし、彼らが持ち上げるのはパースであってデューイではないのだが。

社会化された教育のために

本筋に戻れば、デューイの文字中心主義への批判は、シチュエーションの重視にともなって設備や実験道具などを活用した実践性へと傾き、社会の具体的場面や日常生活に直接還ってくる目標をもつことになる。そして、これは田制自身の教育論についても同様だ。

数少ない先行研究のなかで福永安祥が述べているように、田制教育論の本髄は「学校教育の社会化」[1986/135]の一言に要約できる。当然、社会科の授業を増やせばいいって話じゃない。学校という場所を不可触な聖域として隔離することなく、社会のなかで・社会のために有益な施設たらんことを目指している。

田制が初めて自身の教育論を一つの著書にまとめた、その名も『学校教育の社会化』では、学校が「一個の社会的設営《ソーシャルインスティテューション》」であることを確認した上で、これがひとたび出来上がるとその閉鎖空間内で独自の習慣と伝統が生じて、結果、「市井（タウン）と大学（ガウン）」[1921/1]のあいだに大きな懸隔が生まれてしまう、と指摘する。これを解消しようとする田制教育論とは、言い換えれば、「市井（タウン）」に学を取り戻すための試みともいえる。

実際、同書では、アメリカでの事例を盛んに紹介しながら、学校を児童教育機関としてだけ読むのではなく公共的施設であることの意義を強調する。現代日本でも学校は選挙のさい投票の会場となったり災害の避難場所になったり、その公的な用途が認められているが、それだけでなく、大人が通うための夜学校も社会化された学校に必要だとも論じている。

社会のための学校と聞くと、就職や産業に従属したプログラムに偏してしまうのではないか、という危惧を覚えるかもしれない。少なくとも田制の記述のなかでは、そうではない。学校教育には来るべき社会を先導する指導力がある。単なる現状追認ではいけない。「学校が社会の縮図たるべしとしても、学校は一般社会の単なる模倣者となつてはならぬ」なのだ[1921/241]。

ゲーリ学校

ちなみに『学校教育の社会化』に先立つかたちで、田制は『ゲーリ学校の実際』という一書を刊行していた。ゲーリ学校とは、一九〇八年、アメリカはインディアナ州ゲーリー市にてワートという学者によって創案された新式の学校計画で、今日においてはゲーリーシステムの名でも知られている。

その心は、机上の学習に重きをおくだけでなく、工作、運動、遊びといった総合的な能力をはぐくむこと、この理想に従って学校施設も拡充することにある。簡単にいえば、学校は教室だけでは不十分で、運動場や音楽室、実験室などの特別教室ももたねばならない。

今日の小中高の学校では、だいたいこれらを具備しているため、その斬新さがいまいち理解しにくいが、かつて学校は必ずしも人の社会生活を丸ごと飲み込むようなものではなかった。

ゲーリ学校の実験を企図したワートはデューイの弟子筋で、デューイがシカゴ大に勤めていたとき、そこの研究科に在籍していた。田制が社会化された学校を論じるとき、その背後には、ゲーリシステム、さらにはその発想を支えるデューイの哲学があったことは改めて注意していい。

トルストイはプラグマティスト？

田制は社会と学校を一致させようと夢見る。かつての学校は余暇（スコラ！）に恵まれた坊さんや貴族階級の坊ちゃん連中の専有物だった。が、文明社会はこれを許さず、学校の門戸は（少なくとも建前上は）万人に開かれねばならない。学校教育と民主主義が深く結びつくのも、この脱階級の夢と併走している。

たとえば、田制のトルストイ＝プラグマティスト説はユニークな見解の一つだ。彼の筆致に従えば「貴族的より民主的に進み、プラグマティストとして終始したトルストイ」なる男がロシアにいた［1925/2］。

「トルストイ実にプラグマティストである。人間の理智は冥想的なものでもなく、実在を表現したものでもない、それは本来活動的乃至実行的な作用であり、且つまた、真理そのものは活動乃至実行の一種である」［1925/446］

レフ・トルストイといえば、『戦争と平和』や『アンナ・カレーニナ』など、とにかくぶあつい小説を残したことでよく知られている、ドストエフスキーと双璧をなすロシアの文豪である。貴族の家に生まれたものの、農奴に対する非道な扱いに疑問を覚え、農奴解放を筆頭に平和主義の作家として活動する。教育に関しては性善説で唱えられるような子供生来の天真爛漫を肯定し、自由教育を称揚。日本では学習院のお坊ちゃん連中で構成された白樺派の若い作家たちに大きな影響を与えた。

机上の空論で満足しなかった……からといって、そんなロシア作家に、アメリカ由来のプラグマティズムのラベルを貼ることは普通に考えれば不自然極まりない。でも貼る。ぺたぺた。

反革命の思想

現在にあって、田制教育論はそれほど斬新な響きを与えないかもしれない。いや、それ以上に、いまや学校に対する社会の非学術的な要求は就職やコミュニケーション能力の向上など膨大に積み上げられ、日夜、産業社会にとってそれがどう役立つのか、どんな意味があるか、厳しく審査されているようにさえ見受けられる。

一応、田制教育論の完成と謳われている『教育的社会学』には、「社会化なる言葉は実用化または職業化と混合すべきものではない」［1937/269］という指摘がある。カルチャー、すなわち文化＝教養は役立たずの大飯食らいだとして、文系学問への非難ともども、実業界を中心に非難の的になりやすい。が、それでも田制の議論においてもその意義が失われるわけではない。

「職業教育論者は往々文化の実用性に盲目である。彼等は人生の生産的方面にのみ関心を置いて、その消費的方面を蔑視する嫌ひがあるが、然し文明の進歩といふことは余剰物資を生産して、それを賢しく消費することから創造されるものである」［1937/270］

　生産者の立場は製品を購入して愉しむ消費者がいて初めて成り立つ。田制はその一体的構造に決して鈍感ではない。それでも、一切の隙間もなく完璧に社会に組み込まれた学校とは、もしその社会が生きにくいものならば、同じ困難を無防備に学校に持ち込んでいるのかもしれない。そういう懸念はぬぐえない。誤解された（？）プラグマティズムは、教育界においてはかえって必要以上に力をもってきたのでは、と批判的に読む必要すらあるのかもしれない。

　もう一つ。マルクス主義が猛威をふるっていた昭和初頭、田制は『社会思想読本』という左翼思想の解説本を出しているが、そのなかで「吾々は如何なる場合に於いても急激なる革命を排するものであります」、「レヴォリューションではなく、次第にエヴォリューションへと進展推移して行くやうに思はれます」［1927/252］と、革命の希望を明確に斥けている。

驚くべきことに、ここでは革命（revolution）と進化（evolution）は対義語なのだ。

プラグマティズムは、一晩たてば世界が一変するほどの急変ではなく、微変化、漸進的な改善改良を勧める。熾烈な階級闘争ではなく社会全体を考えた階級協調を図る。その盤石な温和の姿勢は、一発逆転の夢をもったキケンな（?）連中にとっては、煮えたぎるような熱血を一気にさます、キンキンの冷や水としてぶっかけられる。プラグマティズムがこのように非常に保守的な一面をもつことは、以降の日本プラグマティストにとっても決して看過できない分水嶺となっていく。

〈引用文献〉


シラー、S・F・C［1916］『プラグマティズム』、田制佐重編訳、早稲田大学出版部。

デューイ、ジョン［1918］『民本主義の教育』、田制佐重訳、隆文館。

田制佐重［1921］『学校教育の社会化――輓近思潮』、文教書院。

田制佐重［1925］『文芸家教育論集』、文教書院。

田制佐重［1927］『社会思想読本』、文教書院。

田制佐重［1928］『教育社会学の思潮』、甲子社書房。

田制佐重［1937］『教育的社会学』、モナス。

石橋梅子［1972］「思い出の記」、『石橋湛山全集月報』第一五巻収、東洋経済新報社。

福永安祥［1986］『社会学と教育』、早稲田大学出版部。

竹村英樹［1994］「田制佐重の教育社会学――研究史および生活史から」、『日本教育社会学会大会発表要旨集録』第四六号。


〈引用しなかった参考文献〉


ピォヴェザーナ、G・K『近代日本の哲学と思想』、宮川透・田崎哲郎訳、紀伊國屋書店、一九六五年。

山田英世『明治プラグマティズムとジョン＝デューイ』、教育出版センター、一九八三年。

河村望『デューイとミードと成瀬仁蔵』、人間の科学新社、二〇〇四年。

ウィルスン、ディアドリ&ティム・ウォートン『最新語用論入門12章』、今井邦彦編、井門亮・岡田聡宏・松崎由貴・古牧久典・新井恭子訳、大修館書店、二〇〇九年。

・プラトン『プロタゴラス――あるソフィストとの対話』、中澤務訳、光文社古典新訳文庫、二〇一〇年。
・納富信留『ソフィストとは誰か？』、ちくま学芸文庫、二〇一五年。
・山内志朗『普遍論争――近代の源流としての』、平凡社ライブラリー、二〇〇八年。
・梶井一暁「日本におけるデューイ研究史の特色と課題――どうデューイを批判的に摂取するか？」、『岡山大学大学院教育学研究科研究集録』、二〇一六年。
・ブランダム、ロバート『プラグマティズムはどこから来て、どこへ行くのか』全二巻、加藤隆文・田中凌・朱喜哲・三木那由他訳、勁草書房、二〇二〇年。

第五章

スポーツ×プラグマティズム＝三隅一成

動くものは動く

田制佐重は、行動に結ばれないセンセーのお題目を揶揄して「畳の上の水泳では真の水泳は学べぬ」〔1937/174〕と書いた。畳の上でクロールかきしてる水泳選手……たしかに狂気の沙汰である。スポーツという営みは、プラグマティック教育論にとって面目躍如ともいうべき効力を見込めるに違いない。机上のお勉強だけでは駄目だとしていたデューイの言を基調とし、スポーツにあっては体の動かし方を頭で理解すること以上に実際に動くかどうかがものをいう。

動かし方を上手く言語化できなかったとしても、動くものは動く、という領域がたしかにある。慣れだけではなく、コツを摑むという現象の不思議はいまもって謎めいている。何度練習しても転んでばかりだった自転車も、いったんコツさえ摑んでしまえば、以前あった乗れない時期を思い出すことすら難しくなってしまうほど自然化する。反対に、そのコツが失われてしまったスランプ状態から脱出することは、言語化できないぶん至難の業と化してしまう。

本章で紹介する三隅一成という学者は、プラグマティズムの知見をスポーツ科学に応用しようとした。

G・H・ミードとは？

三隅一成。明治二七（一八九四）年、福岡県生まれ。東京高等師範学校（現在の筑波大学）の数学物理学科を卒業後、東京帝国大学農学部全科選科に進む。マクファーソン・カレッジ、シカゴ大学、スタンフォード大学などでのアメリカ留学経験のなかで心理学、社会学、文化人類学を学ぶ。特にシカゴ大学にいたジョージ・ハーバート・ミードに直接師事した経験は大きい。昭和五四（一九七九）年二月二二日に逝去した。

ミードの名前を改めて出した。G・H・ミード（George Herbert Meed, 1863–1931）はプラグマティズムの流れをくむ哲学者または社会学者。一六歳でオバーリン大学に入学し、卒業後は教員や測量技師の仕事を経て、ハーバード大学大学院に入学。ジェイムズの家に下宿しながら大学院に通い、ドイツ留学を挟んでミシガン大学に就職。そこで出会ったデューイと仲良くなり、一緒にシカゴ大学に移った。通勤はいつも自転車、なので綽名《あだな》は「ジョーカー」［1975/171］。トランプの絵柄のジョーカーはいつも自転車に乗っているから（断じて殺人鬼だからではない）。

生前は著書を出さず注目されずに終わったが、没後、『精神・自我・社会』という講義に関するノートが出版されてから再発見が進んだ。

プラグマティズムといえば御三家をイメージしがちな史観からするとミードはいささか忘れられがちな脇役だ。その業績も、狭い意味でのプラグマティズムの方向からよりも、ハーバート・ブルーマーによって発見されたシンボリック相互作用論の事始めとして評価されることが多い。ただし、略歴からも察知できるようにその著作からプラグマティズム的精神を読み解くことは決して難しくない。ちなみに、昭和二(一九二七)年秋、現代形而上学という講義で初めて出会ったミードの笑顔に三隅は「ウオルト・ホヰットマンの肖像の一つを思ひ出した」[1941/467]という。ホイットマンは自由と民主主義を大仰に謳い上げたアメリカを代表する詩人だ。

未来を意識するからアガる

三隅は新しいスポーツ心理学、たとえばアガリ症の克服に役立つような心理学を構想していた。なぜアガリは発症するのだろうか。練習ではなんなくこなせていた動作も、本番になると体がこわばり汗もだくだく、思うように動かせなくなってしまう。これで涙をのんだスポーツマンは数知れず。三隅に従えば、アガリが発生するのは、競ってくるライバルを意識するからだ。なぜ意識するとアガるかといえば、負ける可能性を勘定に入れるからだ。言い換えれば、未来の状態に自己を投影しているからだ。それがよくない。

「一体敗けるとはどういうことか？　それは二分何秒か先の出来事である。そこで「敗けるかも知れんぞ」という意識は一かき一けりの泳ぎの今ではなく、二分先の未来に集中された意識である」［1971/208］

戦後、国士舘大学体育学部につとめていた三隅は、数あるスポーツのなかでも、水泳競技にかなり熱を入れていたので、ここで取り上げられている例示も水泳になる。もちろん、畳の上ではない。

この今に集中しなくちゃいけないのに、スケベ心が邪魔して目の前のことに集中できない！　未来に気取られていると、その先取りしたイメージが自らを拘束して体の自由を奪われる。意識が固まると体も固まる。三隅はこれを「流れ」という言葉で表現している。

「易経の中に「天行健ならば自彊《じきょう》息《や》まず」とある。自然の運行が健やかで病的でないということは、それが、流れて息まぬことをいう。生体、特に人間の行動が健やかであるというのも、それが流れて止ることなき状態をいうのである」［1971/208］

アンリ・ベルクソンならば「持続」といい、そのお友達のジェイムズならば「純粋経験」とでもいうだろうが、そんな難しい言葉を介さずとも、要は本当に集中できている時とは時間を時間と感じられない、あのアッというまに過ぎる経験のことを指している。スポーツ競技で満足のいく結果を出せるには、この時間ならぬ時間を生きねばならない。

厄介なフィードバック

三隅にとって意識は「饋還《きかん》」という大きな特徴をもつ。無駄に画数の多い漢字だが、これ、フィードバックの訳語。「刺激が反応を機会するだけでなくて、反応が逆に刺激に影響する」循環作用のことを指す［1971/208］。いまだと帰還という訳語の方が一般的か。

普通、意識と身体の関係は、意識においてしたいこと、入力（インプット）があって、その結果＝出力（アウトプット）が身体に表出するように思える。

泳いでいたら苦しくなってきたので息継ぎの数を増やそうと思って（インプット）、三かきに一回を二かきに一回に変更する（アウトプット）。ところが、息継ぎを増やしたぶん速度が落ちて、競争相手に追いつかれてしまい、焦ったすえにまた苦しくなる。意識は出力を一方的に供給するだけではなく、逆に出力によって可逆的な影響を被る。

意識は意識することで意識自身を変える可逆性をもつ。無色透明で絶対中立の意識が、ある事象を観察する、ということはありえない。なにかを想うとき、想うことで自らが変わってしまうかもしれない意識と一緒に想っている。嘘つく意識は嘘ついていると自覚する意識の本当と切り離せない。

禅問答のようになってきたが、要するに、意識とは連続的なものであり、外の反応との絶えまないサイクルのなかで成立している。自然の意識には切断面がない。「この流れをストップ（止）すると、一方において普遍性と絶対性とをもった解決即絶対の真理があらわれ、他方フィード・バックが切断されて未来と過去とが孤立した別々の存在となる。そして現在の代りに未来が脚光を浴びてくる。かくて理想主義が生れてくる」［1971/13］。アガリ症を治すには理想主義者になってはいけないのだ。

創発とはなにか

入力と出力が環状をなして切り放せないフィードバック現象は、誤った入力であってもそれを反省的に活かすことで少しずつ目標とする結果に近づいていけるのだとする可謬主義の根本的な構造と深く関わっている。

三隅は、その種の反省の一般理論を「行動科学」と呼ぶ。これに従えば、以前まで上手くいっていた方法が通用しなくなる「例外」に出会ったさい、知性は「試行錯誤」することで突如として「創発」的瞬間が到来する。これによって新しい方法が樹立される。新方法も決して限界をもたないわけではないが、それにぶつかるまではていよく使える効力を発揮する。限界がきたらまた新しいのを探せばいい。方法の新陳代謝だ。「一度、例外に逢えば、それ迄の解決は一応その道具性を喪う。役にたたなくなって、真理でなくなる」という言葉に、ジェイムズの真理説やデューイの道具主義を読むのは難しくない[1971/13-14]。

創発なる語はあまりなじみがない。三隅は次のように書いている。

「解決は一面においてエマージする（emerge）もの、創発するものである。創造されるものといっても差支えない。このエマージェンシイの考えは、英国の生物学者で哲学者のロイド・モルガンがその「創発進化」（Emergent Evolution）で創唱したものである。これを米国のプラグマチスト（実用主義哲学者）が知性の観方に利用したものである。プラグマチスト達は協力して、一九一六年に「創造的知性」（"Creative Intelligence"）というアンソロジーを出版して、ドイツのカント流の認識論の再

組織を叫んだ」[1971/14]
創発とは、AとBが合わさったときにA＋B以上のなにかが発生しちゃう、不思議理論のキーワードだ。ダーウィンの進化論を背景に一九二〇年代のイギリスで提唱され継承されてきた創発理論は、功利主義やリベラリズムの理論で有名なジョン・スチュアート・ミルの異結果惹起的法則に起源をもつとされる。ミルは事物の合成の法則を解説するさい、同質的なものの結合のなかから異質なものが生まれる法則をこう名づけた。以降、多くの論者たちは、創発概念の事始めをミルに求める。
そのような経緯をへて出版されたのが『創造的知性』だ。日本では昭和一六（一九四一）年、清水幾太郎の手によって、デューイ「哲学復興の必要」、アディソン・ムーア「論理学の改革」、そしてミード「科学的方法と個人としての思想家」という三編を選んで訳出したバージョンで刊行された。
デューイはそこで「知性は知性といへ、生来的に前方注視の性質を持つてゐる」という。つまり、プラグマティズムの知性を、既存の機械のように自由のきかないプログラムから解き放たれた、未来志向の知性、「創造的知性」として描き出すのだ[1941a/85]。なお、訳者の清水はあとの章で出てくるから要チェックな。

弁証法とは違う

肝心なのは、試行錯誤のなかで導かれる解決が、なにか努力や知見の積み重ねで出来上がっているというより、繰り返すうち、いままで影も形もなかったような突破口がたちまちのうちに出現する、マジカルな一瞬があるということだ。

自転車の例はやはり分かりやすいだろう。自転車が乗れるようになるまでその乗り方をどれほど学んでも甲斐がないくせして、いったんコツというブレイクスルーさえ摑めば片手運転だってお手のもの、乗れることが当たり前となる。

三隅にとって行動科学は弁証法と大きな対照をなしている。弁証法とは、ある主張（テーゼ）とそれを反駁する主張（アンチテーゼ）をぶつけて、より確かな主張（ジンテーゼ）へと至らしめんとする知の進歩観をいうが、三隅は「弁証法では、この例外に相当するものをチクリとお腹を刺す獅子身中の虫と考える」［1971/10］と指摘する。つまり、三隅の理解する弁証法にとっては、方法に対する例外とは方法の敵であり、これをやっつけることを進歩と見做している。

対して行動科学では、例外とは試行錯誤とこれに連なる創発の好機と捉える。弁証法のように自分の軍門に下れ、とはいわない。新しい自分に会わせてくれてありがとう、という。これは三隅の日米文化観にも波及しており、曰く、「日本の役人は前例のないことは恐くて何事をするにも石橋をたたく。これは例外を歓迎どころか嫌悪し排撃するものである。米国の銀行家は日本の銀行家とは逆に全く新しい事業の最初の年に喜んで投資する。これは例外を恐れないどころか、たのしむ訳である」[1971/10]。

三隅にとってアメリカ人は行動科学的で、日本人は弁証法的だったようだ。

ミードの現在主義

以上の三隅の考え方は、やはりミードによって基礎づけられているといってよい。そもそも行動科学なるワードも、ミードが用いていたresearch science（探究科学）の三隅訳だった。

たとえば、ミードには『現在の哲学』という著作がある。生前、本を残さなかったミードの第一遺著だ。ちなみに、三隅も単著を完成させることなく亡くなり、晩年にそれまで書いてきたものをまとめた論文集が二冊刊行されている。構想ではあともう二冊出す予定だったが叶わなかったようだ。タイトルから推察される通り、三隅の現在集中のすすめ、現在主義はここに淵源をもつ。

さらには創発も、その本のキーワードであった。ミードは『現在の哲学』のなかで、あるシステムを以前と以後という具合に大きく変えてしまう画期の契機として創発を説明している。創発は時制を現在だけに定める。「創発が現われる現在」は「その過去を書き直す」力さえもつ〔2001/21〕。過去は客観的に積もりつもって生命体の現在を決定しているのではなく、反対に、どんな過去をどんなふうに活かすかは現在の裁量によって決まる。「この現在は、常に新しい天国と新しい地上を与える、創発の場面である」〔2001/105〕。

ご推察の通り、この考え方には過去の厚みがない。ぺらっぺらである。場合によっては歴史修正主義とも呼べる、歴史観のなさ、この薄っぺらさは、新大陸・アメリカの思想のなかでも特筆すべきものをもっている。現在手に取りやすいミード訳本『G・H・ミード著作集成』の訳者・植木豊はミードのその「現在時制で作動する行為帰結」〔2018/701〕を基調とした考え方を、彼のプラグマティズムとして高く評価している。

イヌ派の社会論

三隅とミードの関わり合いでいうと、三隅による『行動主義心理学』翻訳を挙げないわけにはいかない。これは昭和一六（一九四二）年、白揚社の「世界全体主義大系」というシリーズものの一つとして企画されたミードの代表作。今日、『精神・自我・社会』という原題の直訳で親しまれている。第四遺著に当たる。

ミードは人間ふくめた有機体（生物）の自律性をことごとく他の有機体との相互作用のなかに還元していく。パーソナルなことは社会的なこと。個人の勝手でしょ、と言いたくなるような領域のなかにも他者のこだまが響いている。

たとえば、ミードは言語の基礎に、言葉にならない身振り（ジェスチャー）を認める。ミードお気に入りの例示は、イヌの喧嘩だ。イヌ派かネコ派かでいったら断然のイヌ派である。わんわん。

「敵対的態度の下に近寄り来る二匹の犬は相互にさういふ身振の言語を使用する。彼らは相互に唸り、噛み合ひ乍ら互にぐる〳〵廻り合つて攻撃の機会を待つ。こゝに言語の発生すべき過程がある。即ち一匹の犬の或態度が相手方の反応を喚起し、此反応が此度は第一の犬に前とは違つた接近と反

応を促す。さうして之は無限に交互に進行する」[1941/21]

威嚇や攻撃といった行動は、たとえば遺伝情報によって一から一〇までぎちぎちにプログラミングされていても使い物にならない。なぜなら、相手の出方次第でどう行動するのが利口なのかが決まってくるからだ。そのとき、生物は、目の前の相手の行動をトレースしている。敵対していても、いや、しているからこそ、トレースして、自分が選べる次の最善の一手に備えなければならない。ミードはここに社会性の萌芽を読みとる。

一般化された他者

次の一手に備える構えは、その振る舞い自体が相手の行動を規制してもいる。フィードバック現象に見られていたように、ある振舞いは別の振舞いの反応としてあり、さらに続く振舞いを導いてやまない。個体の差を超えて身振りは環状をなして連鎖している。

ああきたらこう返す……と読まれていたら逆でいく。この読み合いにこそ、思考の深まりが、というよりも、思考や精神というものの成り立ちがある。そう、実はこの無言のやりとりが、言語の基礎というだけでなく、精神とか心とか呼ばれているものの本性なのだ、とミードは考えている。想いがあって対話が始まるのではなく、先立つ他者とのやりとりを内面化することで心なるものが生まれる。

自我とは徹頭徹尾社会的なものなのだ。自我の社会性、自我という社会性を支える他者のことをミードは現代の訳語で「一般化された他者」や「組織化された他者」などと呼ぶ。

「普遍化された他の態度を彼自身に対してとる事によつてのみ彼は思考し得るのである。それはこの様にしてのみ思考——又は思考を構成する所の身振の内化的会話——は発生し得るからである」[1941/220]

子供たちはよくなにかのフリをして遊んでいる。ごっこ遊びに興じる。警官になったり、お花屋さんになったり、ウルトラマンになったり、プリキュアになったり。そこで彼らは様々な役割を虚構的に獲得している。役割というのは他の役割と対峙することで有意味な社会性にひらかれる。警官の証は泥棒を捕まえることによって生じ、ウルトラマンは怪獣を倒すかぎりでヒーローたりうる。役割とは、不在なままでも他者を潜在的に求めているような相補的なものである。補い合っている。ミードがいうのは、人の自我や心もそういった社会性に依存して成り立っているということだ。

行動科学は全体主義か？

三隅のミード訳は、白揚社の「世界全体主義大系」というシリーズの一巻であった。

この書誌情報は、ミードを読んだことのある人ならば意外な響きをもつに違いない。強権的で個人の自由を認めない全体主義とミード哲学は普通に考えてかけ離れているし、これを証拠立てるように今日、全体主義者としてミードが論じられることもない。

ミードの『行動主義心理学』は最終巻の第一二巻として刊行されており、先行して出されていたのが、たとえば第一巻のローゼンベルク『ナチスの基礎』、第四巻のシュミット『国家・議会・法律』、第七巻のムッソリーニ『協同体国家』、第一一巻のヴェブレン『アメリカ資本主義批判』などであった。

ときおり、これが全体主義？と疑問に思わなくもないものも混じっているため、ミード参入もあるいは刊行点数を稼ぐために編集者が鼻ほじりながら早合点でゴーサインを出した結果なのかもしれない。しかしながら、三隅の経歴を調べてみると、一概にそうともいえないことが分かってくる。

労働者の技能を測定する

昭和一四（一九三九）年の匿名の雑誌記事「官僚嫌ひの役人」では、三隅の人物像は次のように紹介されている。

「三隅氏は、心理学の技師である。それも、従来の心理学と異つて、行動主義心理学の研究家である。氏はまた、現在、国立技能検査所の事実上の所長であり、国民登録制度の隠れたる功労者だ」［1939a/21］

国立技能検査所？　国民登録制度!?　ふーむ、怪しい。

同時代、中林貞男は国立技能検査所に関して、「新東亜建設の大事業が、軍事行動と同時に遂行されねばならない現下の情勢に於いて、生産力拡充が焦眉の急務であること」を受けて、労働者たちを「技能程度によつて一級、二級、三級と格付け」る機関であると説明している［1939b/49］。

さらに。北村吉郎はこの仕事のために活用された、昭和一三（一九三八）年の国家総動員法に依拠した国民登録制を解説して、国民に職業能力の申告をさせることで、「労働力の適正な配置を維持することが出来」、しかも「臣民徴用制度の運用のための基礎」となることができるのだ、という。

これはナチス・ドイツが一九三四年に「国民労働秩序法」を打ち立てて、目を見張る成果をあげたものに匹敵する制度になるはずだ、ともいわれる［1939c/94-95］。

超展開、きたー。

心だって測れる

先の三隅紹介記事では、労働者の一挙手一投足、その微細な行動の逐一を評価に組み込むことで、「労務者が、単に、賃銀だけに、興味を抱いてゐるか、国家的立場から、仕事そのものに快適さを見出して居るか」［1939a/21］分かるのだという。

おそらく、これは記者が勝手に書いたものではない。というのも、三隅自身の論文でも、行動科学に基づいた心理学を「班とか、工場とか、社会とか、もつと大きくしては日本とか東亜とか人類とか云つたものの立場をとる作業態度」を測り、さらには早退や遅刻といった勤務態度以上に内面に踏みこむ「徳義心とか、協同心とか、公開とか、表裏のあるなしとか云つた様な数量的に表し難い行動」の測定に役立てることができると述べているからだ［1939d/12］。

前にも述べたように、心や自我なるものは、決して自律しておらず、暗黙の対話のごとき、潜在的な他者とのコミュニケーションのなかで成り立っている。ちょっとした動作の機微にさえ他者の履歴と想定が活きている。

言い換えれば、心とは常に既に共同（体）的なもので、「他の役割をとる行動、特に組織された他の行動をとる行動」のうちに宿り、そのなかでも三隅がいうには、「国家民族の態度をとること」のなかに顕現する［1942/70］。

もう余計な解説は不要だろう。ミードから学んだ「一般化された他者」論は、ある種のナショナリスティックな全体主義を強化するアイディアとして転用されているのだ。

プラグマ全体主義？

「投手が「組織されたナイン中の一役割をとる」時、彼は毫《ごう》も彼独特の観念をすてませぬ。彼は捕手の真似もせず、遊撃の姿勢をもとらぬ。彼はワインドすることに依つて初めて全体の立場をとり、又とりうつるのであります」［1942/71］

労働者の技能を測る云々の文章にも、すかさずスポーツの喩えを入れる能天気さに、よっ三隅節!と大向こうをうならせたくもなるが、どう考えたって飛躍があるといわねばならない。投手は打たれないボールを投げることに特化した役割を負い、これに専心することでチーム全体に奉仕できる。同じく、労働者の役割を測定し適切に配置することで、国家全体への貢献を最大のものとする?……いやいや!

勘所は、ミード理論がもっている(ようにも読める)自我という個人の硬い核を「国家民族」なる集団性へと問答無用で融かしていく強力な溶解液が、かなりキモい世界像を与えるということだ。個人を構造に還元したとき、あれこれの差異に鈍感な構造がすべてを飲み込む貪欲で膨れていく。

国民の個人情報を掌握してやろう、という思惑だけではない。外的な振る舞い(身振り)と内的な心のあいだに決定的な敷居を設けないミードの理論からすれば、細かな振る舞いの監視は、すなわち心の監視に等しい。

外づらの監視だけならば、表面上はイイ子を装っておいて後ろでアッカンベーしていればいい。監視人だっていちいち内面まで取り締まるのも面倒でしょ。なのに行動科学は、内外の使い分けすら許してくれない、歯車のように組み込まれた社会的役割へと私たちをしばしば導いていく。

それだけではない。あとの章でも触れるが、プラグマティズムの基調として見られる測定や測量の構えが、あまりに行き過ぎたものになってしまえば、測らなくていい些事まで測ろうとする不要な苦労を抱えこみ、数量化できないものまで無理に数で表そうとする過ちを犯してしまうかもしれない。現代社会の測定過剰な姿勢に警鐘を鳴らすジェリー・Z・ミュラー『測りすぎ』がいうように「測定のコストは、そのメリットよりも大きくなってしまうかもしれない」のだ[2019/4]。

プラグマティズムは使い方を間違えれば、プライベートもお構いなしにずかずか内心に踏み込んでくる、あらゆる意味で間違った力を正当化してしまうのかもしれない。こっからは立ち入り禁止、と諫めるどころか、イケイケゴーゴーとエールを送る体制万歳応援団になり果てる危険性がある。これは特筆しておいていい懸念である。

〈引用文献〉

[1937] 田制佐重『教育的社会学』、モナス。
[1939a] 「官僚嫌ひの役人」、『経済マガジン』一〇月号。
[1939b] 中林貞男「国立技能検査所の使命——労働者の技能検査と格付」、『科学主義工業』五月号。
[1939c] 北村吉郎「国民登録制度の意義」、『科学主義工業』二月号。
[1939d] 三隅一成「作業態度の検査に就いて——技能検査に於ける」、『技術と教育』一二月号。
[1941] ミード、ジョージ・H『行動主義心理学』、三隅一成訳、白揚社。
[1941a] デューイ、ジョン「哲学復興の必要」、『創造的知性』収、清水幾太郎編訳、河出書房。
[1942] 三隅一成「技術と精神」、『生活科学』三月号。
[1975] 三隅一成『行動科学と心理学』、産業能率短期大学出版部。
[1979] 三隅一成『芸術とスポーツと行動科学』、産業能率大学出版部。
[2001] ミード、ジョージ・H『現在の哲学・過去の本性』、河村望訳、人間の科学新社。
[2018] 植木豊「G・H・ミードの百年後——二一世紀のミード像のために」、『G・H・ミード著作集成——プラグマティズム・社会・歴史』収、作品社。
[2019] ミュラー、ジェリー・Z『測りすぎ——なぜパフォーマンス評価は失敗するのか?』、松本裕訳、みすず書房。

〈引用しなかった参考文献〉

- 森秀樹「〈創発〉概念の起源(1)——〈創発〉をめぐる議論と科学論の生成」、『兵庫教育大学研究紀要』第五二巻、二〇一八年。

第六章

倫理×プラグマティズム＝清水幾太郎

さらば、三隅野球団

三隅一成がミードを日本の労働者を管理する全体主義として利用していたのとほぼ同時期、次のように書いていた男がいた。「全体の立場が一般に見逃すものはこの基礎的社会が動くといふ事実である」［1992a/91］。

著者の名は清水幾太郎（1907–1988）。『社会的人間論』という本の末尾近くの文句である。

ここでいわれている「基礎的社会」とは、とりあえず国家のことだと考えておけばいい。三隅は、チームの全メンバーが隅から隅まで全体に奉仕するキモい国家観を提出していた。いわゆる三隅野球団である。

それにしてもよくよく考えてみれば、そのチーム（全体）なるものは、同じ役割でも個々人でまったく異なる個性と来歴をみせるはずだ。投手と一口にいっても、豪速球で真向勝負を好む奴もいれば、変化球で相手を混乱させる作戦を得意とする奴もいる。右肩に爆弾を抱えているのも、一死二塁になると必ず牽制しないと気がすまないのもいる。そいつらの活躍で、あとからチームのカラーが決まることだってままある。

なにより、そのチームってものが常に変わらずにずっと結束しているのかといえば、そんなことは全然ない。爆弾が爆発してなくなく引退を余儀なくされるピッチャー、メジャーを目指してアメリカに乗り込むエース、そして助っ人としてやってきた頼れる外国人選手、トラブルつづきでなんとかやってきたけど、最終的にはチームごとあっさり買収されて、よく知らん連中とまたいちから再スタート……なんてよくある話。

先立つ全体がどんなに個々人を支配しているようにみえるときでも、その全体なるものがミクロでみれば個々人の小さな創意や交代をふくんだ、こまごました変化でつくられているものでもあることを清水幾太郎という社会学者は決して忘れなかった。

挫折を経て出会うアメリカ

明治四〇（一九〇七）年、東京の下町に生まれた清水は、旧制高等学校から東京帝国大学文学部を出て、学問エリート街道を期待された学生だった。若い頃から独逸学協会学校でドイツ語を学び、さらに学部ではオーギュスト・コントというフランスの社会学者に関する卒業論文を提出した。これで分かる通り、彼の教養は基本路線はドイツとフランスの教養に依拠している。

しかし、人生はとかく計画通りにいかないもの。副手（助手の一個下）になって東大教授まであと一歩かと思いきや、戸田貞三という指導教授と折り合いがつかず、泣く泣くアカデミズムの道を断念。堅実な社会調査を専門とする戸田と理論志向の清水とでは同じ社会学でもやってることはまったく違うものだった。

大学から追い出されて絶望のなか頼りにしたのがアメリカの教育学に関する翻訳や紹介記事を作成するジャーナリスティックな仕事だった。戦前の社会学にとってアメリカの社会心理学は傍流にすぎず、清水にとっても当初は距離のあるものだったわけだが、これをきっかけに開眼。その勉強の第一の成果となるのが、まさしく昭和一五（一九四〇）年刊行の『社会的人間論』であった。

クレアタ・エト・クレアアンス

清水の『社会的人間論』は、人間を理性的で合理的な存在としては捉えない。むしろ、割と頭悪い。環境次第でころころ変わり、昔からつづいているというだけの慣習にもくもくと従う連中と読む。その上で、個人が成長のなかで通過していく社会集団を各ステージに特有な習慣とともに分析し（家族－地域－学校－職場－国家）、その果てにある自由の可能性を模索する。

清水はいう。「社会と人間との間には単に一方的な形成の関係があるのでなく、作り作られる相互関係が見出されるのでなければならぬ」[1992/25]。三隅の全体主義が説いたように、たしかに人間は己に先んじて存在している様々な社会のしがらみに囚われている、いわば「作られ」ている。それは清水も認めるところ。が、同時に彼らは「作る」主体でもあるじゃないか。フィードバックの循環作用をフェアに評価するのならば、その受動面だけではなく、能動面にも目を向けて然るべきだ。ここにきな臭い世の中に対する清水の賭け金があった。国家が全面にせりだす時局柄、その自由を主題的に展開できていないという恨みはあれど。

とまれ、そこで頼りになったものこそプラグマティズムの思想であった。とりわけ、のちに自分の聖書だとも呼ぶことになるデューイの『人間性と行為』という講演録。昭和一三（一九三八）年、清水はこの本の翻訳を『生の論理』（三笠書房）というタイトルで出版している。ちなみに清水はその後、日本でもっとも読まれるデューイ本『哲学の改造』を娘の礼子と一緒に改訳して岩波文庫から出すことになる。日本で行った講演録だ。思い出してほしいのだが、アンソロジー『創造的知性』を訳したのもこの人だった。

庄司武史によれば、「作り作られ」のその標語は、哲学者の西田幾多郎が使っていた「クレアタ・エト・クレアアンス」(創られ、かつ、創る)という言葉からインスピレーションを得たという。

さすがは名前が似てることだけはある……だけにとどまらない。西田はジェイムズ哲学をいち早く受容し、禅の体験と合体するというウルトラCのアクロバットを披露したプラグマ継承者の一人だった。西田から清水へ、プラグマティズムの精神は細い道を通りながら、確かに受け継がれていたのだ。

習慣とエス

デューイは『人間性と行為』、清水訳でいう『生の論理』のなかで、人間が習慣で動く存在であることを強調している。清水がデューイから受け取った最大の教えの一つは、人間は習慣の生き物である、ということだった。

習慣というのは不思議なものだ。日常の多くの場面で個人を動かす主要な動力である一方で、ある集団性を帯びながら半強制的に身につけさせられたものでもある。好んで選んだのではない。日本では知人に会うと会釈で挨拶するものが一般的だが、外国人はハグしたりキスしたりする。関東のエスカレーターは左に寄って右側を空けるが関西では逆だ。

習慣は固有の集団性、または環境に紐づけられた画一的な特徴を個人の身体やその行為に刻み込む。だから当然、習慣に支配されると個人は自由意志のない操り人形になってしまうかもしれない、との危機感がせり上がってくる。

清水訳では割愛された第四部の最終章でデューイはいっている。「「それは考える」という方が、「私は考える」というよりも心理学的言明として真実である」[1995/300]。「私」が行為の主人なのではなく、「それ」としか名づけようのないなにかが自分を動かしている。

この引用文中の「私は考える」の原文はI thinkで、「それは考える」はIt think。Tのあるなしで大違い。この主張が興味深いのは、なんでもかんでも性的に解釈することでおなじみの精神分析の祖、ジークムント・フロイトも意識に上ってこない心の最深部のエネルギー源のことをエス（Es）と呼んでいたからだ。このドイツ語は英語に直すと、まさしくイットに相当する。

エスとは言語で言い表すことのできないエネルギーの貯蔵庫だ。言葉にできるとは、分けて整理できるということ。エスは整理しようとするとたん手からこぼれ落ちてしまい、ほのかに、日常生活でのちょっとした言い間違いや物忘れから間接的にうかがい知れるだけだ。社会規範からは背きがちな、地下マグマのように煮えたぎる衝動を誰もが隠し持っている。互盛央の『エスの系譜』という本は、デカルトの《我思う、ゆえに我あり》という近代哲学をつらぬく有名なテーゼに真正面から喧嘩を売るエスの系譜（「我」の前に思っている！）をなす思想家たちの群像を鮮やかに描いている。言及されていないものの、習慣を大事とするジョン・デューイもあるいはまたそんなエスの系譜のなかで位置づけることのできる読み筋を残しているのかもしれない。

習慣改善の技法

ただし、デューイがフロイトなどと決定的に異なるのは、自分を動かす無意識的な力を反省的に捉えることで、それをコントロール可能なものとして飼いならす期待を決して捨てていないところだ。単なる意志の力ではなく、知性を介した熟慮によって「すべての未来の可能性の統制」を与えることができる。「統制なしには、われわれは後から前方に押しだされるだけである。統制によって、われわれは明るいところを歩けたのである」[1995/297]。

甘いもの食べ過ぎると虫歯でイテテ。ただし、これを熟知しているのならば、自分を統べる習慣(甘いものをついつい食べてしまう)を牽制して、甘味を周囲に置かない、という環境づくりもふくめて、新たな習慣(おやつを煮干しにする)へと交代することができる。

断っておけば、デューイにとって知性もまた習慣を見張る外部の監督者なのではない。「習慣または衝動の進行を停止するには、力が要求される。この力は別の習慣によって提供される」[1995/194]。習慣のタイプが多くなれば、或いはもっと柔軟な習慣ができれば、世界の見え方も未来への想像力も別の相をみせる。習慣にあらがうにはあくまで習慣の土俵に立ってこれへの意識的な改善のなかであらがう必要がある。

自己啓発との距離

こういった自己モニタリングによる自己改造の勧めは、今日、自己啓発と呼ばれる精神的態度を連想させるかもしれない。というより、プラグマティズム的言説のなかのポジティブな側面にスポットライトを当てようとすると、避けがたいと思えるほどにせり上がってくるのが自己啓発だ。

牧野智和『自己啓発の時代』は、元は一九五〇年代の労務管理の文脈で登場したこの言葉を「自分自身の認識・変革・資質向上への志向」〔2012/ii〕という幅広く当てはまる特徴で捉えている。牧野が挙げる例は、スマイルズ『西国立志編』(*Self-Help*、現在は『自助論』と訳される)から始まる自己啓発ベストセラー書籍の系譜や女性向けライフスタイル誌など枚挙にいとまがないが、たとえば大学生向けの就職対策マニュアルで勧められている「自己分析」は上述の特徴とぴたりと一致する。

つまり、過去の自分を「自分史」というかたちで回顧し、いまもっている能力をすべて書きだして描かれる「本当の自分」を手に入れ、さらにはそこから出てくる「なりたい自分」(「夢」や「やりたいこと」)をアピールすれば理想の就職は果たされるだろう、と〔2012/116–118〕。

牧野はこの種の方法をミシェル・フーコーの言葉遣いを念頭におきながら「自己のテクノロジー」〔2012/113〕と呼ぶが、これはデューイの習慣論はもちろんのこと、プラグマティズムの可謬主義とかなり似ている。特に失敗の主体が、組織や集団ではなく個人に焦点化したさい、その当人が具体的に取り組む可謬主義とは、過去をさらっていまを見つめ未来に活かす、という自己分析と変わりないからだ。

なぜ、このような一致を見せるかといえば、プラグマティズムはその前史にラルフ・ワルド・エマソン(Ralph Waldo Emerson, 1803–1882)の超越主義《トランセンデンタリズム》やそこから派生したニューソートという宗教運動があったことを一因として挙げられるかもしれない。大まかにいってそれらは、内なる自己を追究していけば普遍的な神と直結していると考えるロマン主義運動であった。神を成功に置き換えれば、自己を掘れば掘るほど成功に近づく自己啓発の祖型の出来上がりだ。

スウェーデンボルグというオカルト学者に影響うけまくりのエマソンの名著「自己信頼」などは未読ならばぜひ紐解いてみてほしい。「自分自身の思想を信じること、自分にとって自分の心の奥で真実だと思えることは、万人にとっても真実だと信じること、——それが普遍的な精神というものなのだ」［1972/193］などを筆頭に、自己がぴかぴか光る名言のつるべ打ちが君を待っている。なお、ウィリアム・ジェイムズの父のヘンリーはスウェーデンボルグの研究者であった。

習慣と慣習は違う

横道に逸れてしまった。

清水にとって習慣の変革は、全体主義に屈従されない個人の自由を確保すること、被創造ではなく創造の相を見出すために取り組まれたものだった。

たとえば、『社会的人間論』では、誕生から大人になるまで、ある個人が取り囲まれる社会集団が、その人生のステージによって違ってくること、変遷していくこと——家族集団、隣人集団、職業集団など——を確認している。

各ステージによって求められる習慣は異なる。台所にいる母親に向かって《お母さん》と呼んでも別にいいけど、学校の先生に対してはNG。先生はお母さんじゃありません。

清水はその成長過程の最後に「基礎的社会」、国家への帰属を見出し、それが容易に変更できない人の運命であることを強調する。が、同時に「人間の社会的形成は多元的となることを避け得ない」〔1992a/106〕のも事実。国家に属していても、それは家族や地域コミュニティに属せなくなるわけではない。国家の習慣だけで生きているわけではない。

ここに習慣を監獄ではなく複数の故郷として捉えるための悪戦苦闘がある。のちに清水は、論文「現代アメリカの倫理思想」のなかで、やはりデューイに倣って社会の（集団的）「慣習」とこの制約のもとで身につけた（個人的）「習慣」の区別に注意を促す。まるで「習慣」の可変性や複数性を救い出そうとしているかのように〔1992b/31〕。

思えば、清水のフランス、ドイツ、そしてアメリカといった国境横断的な教養のありよう自体が、結果的には一つの習慣に収監された自分を解き放つための解放戦線だったのかもしれない。

私のなかの能動面

清水のプラグマティズムは、デューイを中心に学習したもので、その成果は昭和二一（一九四六）年に既出論文をまとめるかたちで刊行された『民主主義の哲学』にもよく活きている。ただし、清水は決してデューイだけを贔屓していたのではない。昭和一三（一九三八）年にはシラーの入門的論文を書いているし、『民主主義の哲学』にはミードへの参照もちらほら見受けられる。

たとえば、ミードを援用しながら「新しく高い社会秩序」を代表する「新しいタイプの個人」に社会的進歩のきっかけを読むとき。「社会の進歩はMeでなく、Iを要求する」と要約するとき。さらには、その個人の新しさの誕生を「デューウィに於ける教育の意味ではないであらうか」と換言してみせるとき［1992b/35］。いささか保守的にもみえる三隅の強調点とは異なる清水的ミード像が洞察される。

ミードのいう「Me」とは、『精神・自我・社会』で論じられた概念で、各人のなかにある一般化された他者の履歴のようなものを指し、他者が目の前にいずともその個人にオートで社会的行動をとらせる。反対に「I」はそのような履歴なしにその場その場で状況に臨む主体性のことをいう。

つまり清水はここでも社会全体のいいなりになる局面ではなく、新しい社会を切り拓く面に注目しているのだ。

ヴィトゲンシュタインと教育

清水は学生時代から哲学者の三木清に才能を認められ、『思想』というお堅い雑誌に論文を掲載させてもらった過去がある。ちなみに、三木は西田幾多郎の著作に感銘を受けてその道を志した学者である。

後年、そんな三木のベストセラー『人生論ノート』によく似たタイトルをもつ『倫理学ノート』で清水はヴィトゲンシュタインをプラグマティズムの伝統のなかで位置づけている。そこで焦点化されるのは、教育、もっといえば子供のことである。

背景を説明しておこう。オーストリア出身のヴィトゲンシュタインは、前期と後期で考え方が違うといわれることで有名な哲学者。《語り得ぬものについては、沈黙せねばならない》というキメ台詞でご記憶の人も多いだろう。ミスター沈黙。前期は『論理哲学論考』、後期は『哲学探究』（生前未刊行）という著作によって代表される。『論考』を完成させたことで、語り得るもの（思考可能なもの）と語り得ないもの（思考不可能なもの）をきちんと分けるという仕事を終え、哲学の根本問題にケリがついたと考えたヴィトゲンシュタインは、田舎の小学校の先生になっていた。が、そこから、実はカタづいてなかったのでは？……と思い直すのが後期のとば口になる。

清水は、その経歴に着目、かつ『哲学探究』のエピグラフがアウグスティヌスによる子供にかんする警句であることを確認することで、ヴィトゲンシュタインの前期から後期への転回の契機に子供なる生きものへの刮目があった、と考えた。

子供から考える

「哲学は、プラグマティズムが現れるまでの長い期間、子供というものを忘れて来た。忘れなかった場合は、避けて来た。西洋思想においては、十九世紀の末に至るまで、人間というのは、大人のことであり、男性のことであり、白人のことであった。〔中略〕明らかに、子供は、女性および有色人種とは異なった地位を占めている。なぜなら、女性が男性になることが出来ず、有色人種が白色

人種になることが出来ないのに反して、子供は間もなく大人になるから」［1993a/198］

哲学など難しくてよく分からん、という人に朗報。哲学の本で「主体」という言葉がでてきたら、健康的でクールな小金持ちの白人男性のことをイメージしてだいたい間違いない。「主体」は、つわりで苦しんだりしないし、肌の色の差でいわれのない差別を受けたりしないし、障碍で体が自由に動かせなくなったりしないし、一二時間連続労働で肉体を酷使したりしない。

人間存在を論じる高尚な学問のなかに、ある偏見がすべりこんでいることがままある。「主体」なるものが大人を前提にしていることも同様。大人と違って子供は頭が悪くて、非合理な感情に支配されて泣いたり、怒ったり、だだをこねたりする。動物のように野蛮だ。そんなものを真面目に考えることなんてできない……と普通なら考える。

けれども清水は、人生はそこから出発したじゃないか、とつっこんでいく。プラグマティズムは不完全な人間像を肯定する。みんなどこかしら偏っていて歪んでいて欠けている。神さまみたいになれない。特に子供は失敗の寄せ鍋だ。約束は守れないし、我慢という言葉を知らないし、そのくせドタバタと動き回る。あぶないったらありゃしない。ガッデム！

田制佐重はいってみれば、プラグマティズムのなかの、子供が大人（社会人）になる面を重く受け取り、学校の社会化を訴えていた。対して、清水は田制と同じくデューイを重視するものの、子供がもっている本性的な頭の悪さを最後まで捨てない。克服しようとしない。むしろそれを可塑性として高く評価する。

可塑性というのは粘土のように与えられる力に応じてある程度は自在にその形を変えられる性質のこと。失敗しながら少しずつ上手になる。生まれながらに押し付けられた環境の負荷があったにしても経験を重ねるなかでその中身を変えていくことができる。これは『社会的人間論』で提出された仄かな希望と確かに通じ合っている。

戦後思想としてのプラグマティズム

清水は戦前にあってまだまだマイナーだったプラグマティズムを日本に根づかせようと努力した。ただ、同時にそれがアメリカという土地に根づいた地政学的産物であることに鈍感ではいられなかった。「運命の岐路に立ちて」という論考では次のように述べている。

「私は一つの仮説を持っている。それぞれの特色を備えた各国の学問、たとえば、ドイツの哲学、アメリカのプラグマティズム、イギリスの経済学、そういうものは、だれかがこの亡命することのできぬ民衆の経験、問題、願望に確実な表現を与えようと努力した末に生まれたのではないか、ということである」[1954/177]

ルイ・メナンド『メタフィジカル・クラブ』は、プラグマティズムの成り立ちに南北戦争という陰惨な時代背景を読んだ。まだ黒人が奴隷として酷使されていたころ、奴隷制の温存を訴えた南部（アメリカ連合国）とこれの廃止を訴えた北部（アメリカ合衆国）が正面衝突し、アメリカ史最大の内戦に発展していった。これを教訓とする戦後世代、すなわち形而上学クラブの面々は、その政治的主張のなかに可謬主義を組み込む。

つまりは、「正しい人びとだけでなく、間違いを犯した人びとに対しても発言のチャンスを与えようとするシステムである」[2011/441]。血で血を洗うような争いはもうたくさん。たとえ間違っていても暴力じゃなくて対話で片付けていきましょうよ、というわけだ。

先に参照しておいたブランダムなど今日の新世代は、「戦争の影響なしには生起しなかったかもしれないが、そうした必要条件でしかないものを指摘したところで、それが生んだ思想を理解するのにはほとんど役に立たないかもしれない」[2020/82]と捨てておくところだが、果たしてどうか。

お国柄とあゆんだ歴史で得意学問が違うとしたら、アメリカ産のプラグマティズムも直輸入ではなんの役にも立たない。とりわけ、アメリカとはそもそもが新大陸。コロンブスによって発見されて以降、フロンティア・スピリットによってずんずん開拓されてきた歴史をもつ。アメリカの東海岸から出発したそれを西漸運動という。島国日本とは地理的な条件が違う。

精神的なものが最後のフロンティア

清水はデューイを参照しながら、ある時期以降のフロンティア・スピリットが迎えた大きな転換点を指摘する。アメリカの東部海岸に上陸した開拓者たちは前進をつづけ、ついには西海岸までたどり着いて久しい。つまり、物理的フロンティアはもう我が物にしたも同然である……では、残された最後のフロンティアとは？　答えは、道徳＝精神的なもの、これである。「現代のフロンティアは道徳的のものである。大陸に未開の原野を見出すことは出来ない。併しアメリカ国民の内部には未だ使用されぬ無限の資源がある」〔1992b/49〕。

今日、英米思想において正義論の存在感は無視できないほど大きなものになっている。特にリベラルの教典といっても過言ではないジョン・ロールズ『正義論』は、正義なるものを公正（fairness）として捉えたことで有名。簡単にいえば、あなたがどんな属性をもつのか、男性か女性か白人か黒人か健常者か障碍者か、いっさい分からないと想定した上で自分が納得できる社会制度を選びましょう、という提言だ。この仕掛けによって女性や黒人といった社会的弱者に不利なものを選ぶことが実質的に禁じられる。女性や黒人で不便や害を被るのは当の自分自身かもしれないから。

もう一つ、ここでのポイントは、いまある現実世界の属性（たとえば、大人・男性・白人）を括弧にくくるということだ。歴史的な産物、もう既になってしまったものに対して正義の名のもとに、待った、をかける。この人工的な介入に、コミュニタリアンと呼ばれる連中が論争を挑んだりしたのだが、ともあれ、このような方策によって道徳は歴史から解き放たれて普遍性を獲得する。

また現在、アメリカではポリティカル・コレクトネス（略してPC）が猛威をふるっている。人種や宗教や性別に関する差別や偏見をふくまない中立的な表現の規範で、身近で分かりやすい例だと、看護婦は不適切なので看護師になりました、といったようなことを連想すればいい。綿野恵太の著作によれば、PCは、元は左派が一昔前の左派（特に共産党の連中）を揶揄するのに使われていたが、一九九〇年代以降それが右派に奪われ、左派やリベラルな教育者たちを全体主義者として攻撃するときの常套句として用いられていったようだ。「看護婦」を禁じるなんて表現の自由の侵害だ、ポリティカル・コレクトネスだ！……といった用法。

正義論やPCに見られる、歴史からの拘束を解除した中立性への志向はいまやアメリカに限らず全世界を巻き込んだ道徳的規準になりつつあるが、ここに清水の先見の明を読んでもいいかもしれない。参考のため付言しておくと、講談社学術文庫版『倫理学ノート』の解説文は川本隆史が担当しており、川本はロールズ『正義論』の訳者として名高く、解説中でも清水とロールズを引き合わせる視点を提示している。

それってつまり侵略ですよね？

デューイにとって道徳＝精神的なものがいまだ未開拓であるという事実は、民主主義の可能性でもあった。どっかのヒーローが自分たちを助けてくれるのではなく、自らの手でその荒野を耕さねばならない、いや、耕すことができる。この担い手をデューイは、「コモン・マン」と呼ぶ。直訳すれば一般人や普通人。清水はそこにみなぎっている「哲学の貴族的伝統に対する攻撃の気持」を高く評価する［1992b/85］。これならば日本人だって真似ることができるかもしれない。清水はそう思ったに違いない。

が、それでも不安はよみがえる。後期の著作『日本よ　国家たれ』では、あれほど礼賛していたフロンティア・スピリットを今度は他国への侵略をうながした原動力として痛烈に批判している。

「元来、全アメリカは、インディアンの土地である。しかし、白色人種にとっては、有色人種の住む土地は、無人の地に見えるのであろう。彼らの西漸の過程は、西部劇が教えているように、インディアン殺戮の過程であった」[1980/24]

フロンティアはなくなった。ひと昔前の清水ならば、ここでこそ道徳の出番である。が、この著作での清水はもはや進歩的なデューイに依拠することなく、さらなるアメリカの軍事的侵攻、すなわち、ハワイ島の併合、スペインとの戦争、そして中国へと進出していく歴史的事実の方にフォーカスをしぼる。その先には、アジアの強国になっていく日本との対決が予言されていた。

清水は戦後、平和運動や六〇年安保闘争への参加を経て、社会運動の限界をさとったのか、昭和四一（一九六六）年の『現代思想』刊行あたりを機に、左翼やマルクス主義への疑念を公にする立場へと大きく変節する。昭和五五（一九八〇）年刊行の『日本よ　国家たれ』は、平和憲法（九条）の破棄、防衛力の一層の強化、そして核武装の検討を提案する、右傾の極まった著作である。

ここにおいて、かつて強調されていた心のフロンティアは姿を消し、領土の奪い合いというリアル・ポリティクスに席を譲る。同時期の『戦後を疑う』では、稀代の悪法、治安維持法ってそんなに悪くなかったんじゃないか、と論じる始末。

堕落するコモン・マン

清水がデューイから逸れていくようにみえるのは、「コモン・マン」概念に託されていたような小さな個人への信頼が、戦後直後までならば全体主義的体制に抵抗する自由の源泉として擁護できたのに対し、戦後の高度経済成長は一般人の生活のなかにゆとりを生み、彼らを余暇に興じる半貴族へと変貌させてしまった、そのことへの失望を読むべきだろう。

たとえば、『現代思想』のなかで清水は、労働から解放されたレジャータイムの増大を深刻に受け止めている。働かずに楽したい。しかし、楽ばかりになってしまえば、なにもしなくてもいい時間が自分を蝕み、ついには己の存在意義を見失って、環境にただ順応した、あの全体主義が皮肉にも戻ってきてしまうのではないか。機械化された現代便利社会というかたちで。「何もしないでよい、何をしてもよい時間に、いかにして我々は堪え得るのか」[1993b/278]。

清水はかつて渇望していた自由な主体性を決して諦めたのではなかった。むしろ、個人がもちうる主体性を必死に追い求め、確保したいがために大衆社会のもつ人々の堕落を厳しく警戒することになったのだ。『倫理学ノート』の末尾で、『大衆の反逆』を書いたオルテガを肯定的に引用している。つまり、付和雷同で自分というものがない「大衆」と、自らの意志の力で運命を切り拓いていく「貴族」との対照を語り、後者に希望を見出す。一貫して、全体主義的「作られ」体制に屈しない「作る」能動性が希求されている。

もちろん、うさんくささ満載である。にも拘らず、彼には彼の追い求めつづけたものがあったのだ。

〈引用文献〉

[1954] 清水幾太郎「運命の岐路に立ちて」、『私の社会観』収、角川文庫。
[1972] エマソン、ラルフ・W「自己信頼」、『エマソン論文集』上巻収、酒本雅之訳、岩波文庫。
[1980] 清水幾太郎『日本よ　国家たれ――核の選択』、文藝春秋。
[1992a] 清水幾太郎『社会的人間論』、『清水幾太郎著作集』第三巻収、講談社。
[1992b] 清水幾太郎「現代アメリカの倫理思想」、「デモクラシーの哲学」、『清水幾太郎著作集』第六巻収、講談社。
[1993a] 清水幾太郎『倫理学ノート』、『清水幾太郎著作集』第一三巻収、講談社。
[1993b] 清水幾太郎『現代思想』、『清水幾太郎著作集』第一二巻収、講談社。
[1995] デューイ、ジョン『人間性と行為』、河村望訳、人間の科学新社。
[2011] メナンド、ルイ『メタフィジカル・クラブ――米国100年の精神史』、野口良平・那須耕介・石井素子訳、みすず書房。
[2012] 牧野智和『自己啓発の時代――「自己」の文化社会学的探究』、勁草書房。
[2015] 庄司武史『清水幾太郎――異彩の学匠の思想と実践』、ミネルヴァ書房。
[2019] 綿野恵太『「差別はいけない」とみんないうけれど。』、平凡社。
[2020] ブランダム、ロバート『プラグマティズムはどこから来て、どこへ行くのか』上巻、加藤隆文・田中凌・朱喜哲・三木那由他訳、勁草書房。

〈引用しなかった参考文献〉

- 鬼界彰夫『ウィトゲンシュタインはこう考えた――哲学的思考の全軌跡 1912-1951』、講談社現代新書、二〇〇三年。

小池靖『セラピー文化の社会学——ネットワークビジネス・自己啓発・トラウマ』、勁草書房、二〇〇七年。

ロールズ、ジョン『正義論　改訂版』、川本隆史・福間聡・神島裕子訳、紀伊國屋書店、二〇一〇年。

尾崎俊介「アメリカにおける「自己啓発本」の系譜」、『外国語研究』第四九巻、愛知教育大学外国語外国文学研究会、二〇一六年。

互盛央『エスの系譜——沈黙の西洋思想史』、講談社学術文庫、二〇一六年。

竹内洋『清水幾太郎の覇権と忘却——メディアと知識人』、中公文庫、二〇一八年。

第七章

『思想の科学』の周辺

古在由重に学ぶ

第三章で鶴見俊輔の名前を出し、あとで論じると予告しておいた。いよいよこのキーマンに取り組んでいきたいのだが、その前に本章では鶴見の周辺にいた人々を紹介することで次章への準備運動をしておきたい。

鶴見は日本のプラグマティズム史を考える上で決して忘れてはならない人物であるが、そんな彼もたった一人で屹立していたのではなかった。静かな水面に石を投げるとそこを中心に同心円状の波紋が幾重にも描かれる。鶴見の周りにはプラグマの文様がぐるぐると波立っていた。

その紋の形状を『思想の科学』系と名づけてもいいかもしれない。というのも、戦後、鶴見が思想家として出発して己の地歩を固めていくホームグラウンドとなったのがまさしく自身も編集をつとめた『思想の科学』という雑誌であったからだ。戦前アカデミズムにおいて軽視されていたアメリカ思想を見直し、積極的に紹介するつとめを果たしたのもその誌面でのこと。

もともと、鶴見とプラグマティズムとの出会いは、アメリカ留学以前の一六歳のとき、古在由重《こざいよししげ》『現代哲学』にあった解説を読んだことにさかのぼる。

古在はその本のなかで、ドイツ的なものと呼べるような学風に触れ、日本のアカデミズムがそれを無批判的に引き継いでいると考えた。反対にアメリカ的なものは浅薄と斥けられ、学外にポイッ。捨てておかれた。アメリカ的なものを受け取ろうとしたのは学者ではなくむしろ市民の方だ。「哲学者の頭脳のうちに『ドイツ的なもの』が支配してゐるときに、市民の生活様式のうへには『アメリカ的なもの』が蔓延している！」［1946a/101］という言葉には、後の、日本人はプラグマティズムをきちんと受け取ってこなかったという鶴見的総括の雛形がある。ぴよぴよ。

鶴見和子のデューイ批判

思想誌『思想の科学』は、英米系の思想紹介と大衆文化の再評価を主たる路線として立ち上がり、以後、相異なる立場を擁して互いにぶつかり合う多元主義の媒体として多くの言論を戦後の世に送り届けた。『芽』という後継誌だと気づかせない不親切タイトルになったこともある紆余、中央公論社という大会社から出ていたこともあったのに天皇制特集号という政治的にアブナイ橋を渡ったすえ出版関係決裂に至った曲折、そんなジグザグ走行を経て昭和二一（一九四六）年から平成八

（一九九六）年までつづいた長寿誌へと成長した。ちなみに、第八次までである。

雑誌計画は、もともとは鶴見俊輔の姉である鶴見和子が弟にもちかけたものだった。繰り返せば、鶴見一家は祖父が政治家の後藤新平、父が政治家で作家としても有名な鶴見祐輔という超エリートの血筋。カネもあればコネもある。カネコネである。

和子は弟とともにアメリカに留学し、マルクス主義に関心を寄せつつデューイに関する修士論文で卒業していた。その内容は簡単にいうと、デューイもいいとこまで行ったけどマルクス主義的にいうとまだまだだよね、というデューイ批判。『思想の科学』創刊号に発表した「デューヰ社会哲学批判の覚書（1）」では、デューイ哲学が「社会改良主義」〔1946b/33〕であることに少しばかりケチをつけている。

改良でなにが悪いか、と思わず反応しがちだが、第四章の末尾を思い出してほしい。正統な革命家、マルクス主義者からすれば階級闘争もなければ革命もなく、大いに悪い。

続編になる覚書でも、和子はデューイ平和論における経済問題への慧眼を認めつつも、その制度変革という解決において、歴史のなかに法則性を求めない「歴史的不確定論」、これにもとづく道徳的な「個人の意志」を頼みにしすぎる甘さを鋭く衝いている。さらに、「方法論の中に個人起業家の資本投資に於ける心理的過程を彷彿するものがある」〔1946c/82-83〕とさえ追撃する。

社会を変える!……とか息巻いてっけど、IT社長みたいなスカした変え方じゃねーか! 利得を重んじるプラグマティストが儲け主義として批判されるのは、ジェイムズからつづくちょっとした伝統芸能のようなものだ。とりわけ、マルクス主義との相性はすこぶる悪い。修正だとか日和見だとか改良だとか、プラグマティズムが大事とする価値観は、マルクス主義者から見れば、ことごとく生半可な志のようにみえる。

改良主義は社会のゲームボードをひっくり返したりしない。対して革命とはゲームボードそれ自体の変更を意味する。むかし将棋やオセロで負けが見えてくると、盤をひっくり返して、気分転換に外行こうぜ、とか言い出すヤツがいたが、そういう手合いに居場所がない。そんな優等生ぶりがいささか鼻につく。

革命よりも離婚を狙え

和子はデューイにやや厳しい。もちろん、和子にとってデューイは単なる批判対象としてあったのではなかった。とりわけ、昭和二六(一九五一)年に発表された「プラグマティズムの歴史理論」

では、歴史のなかに法則性を見出していくマルクス主義に対して、プラグマティズムには一見歴史的視点がないようにみえるものの、個人に準拠した歴史性ならばある、と両者のいいとこどりをもくろんでいる。

プラグマティックな歴史観だからこそ、すくいとれるものがある。和子は「身上相談」的論理を例に挙げる。

「一人の女の不幸は、女が幸福になれるような社会、社会変革を前提としなければ、究極的には救われない。しかし、今明日の特定の女の幸福を考えるときに、新しい社会ができるまで待ちなさい、ないしは、それに向って努力しなさい、といってつっぱねることはできない。現在の社会的条件の中で、人間関係についてあたらしい設計をするとか、もののみ方についての習慣をかえてゆくとか、個人的な操作（物質的人間的条件に対する）をとおして、幸福になれるような努力をすることも、可能であろう。歴史における多元的原因論（multiple causation）の考え方をしなければ、解決できない問題が、個人の生活の歴史の中には、多くふくまれている」[1998/68-69]

考えてみて欲しい。身上相談をしに来ているのに、回答者から、

——問題の根本は残虐非道な資本主義的体制に求められる。しかるべき解決はただ一つ、労働者の蜂起、プロレタリアートによる武力闘争で革命を勝ち取らねばならないのだ！

なんて返ってきたらどうか。いや、知らんがな。身上相談というのは、夫と別れましょうとか、有利に離婚するためにはどこそこの弁護士に頼むといいとか、弁護士費用のために一ヵ月二万を目標に貯金しましょうとか、そういう具体的なことを聞きにきているのだ。

床屋談義よりも井戸端会議を。革命の解決は或いは根本的な正論かもしれないが、その正しさは高邁な理想のなかでだけ光ってる正しさだ。大上段に構えてしまうと、お高くとまった解決策しか見出せない。餅の絵たくさん描いてなんの腹の足しになるか。

断ち切れ、循環小数

プロレタリア文学でよく知られる小林多喜二に「循環小数」という特に初期作に見られるモチーフがある。循環小数とは、たとえば奇数を奇数で割ったときなどにでてくる小数点以下の割り切れない数字のこと。7÷3＝2・3333……同じ数字がずっと並ぶから「循環」。ぐるぐる回っている。

多喜二は、主婦が毎日している家事もちょうどこの「循環小数」と同じようなものだ、という。飯つくって掃除して風呂焚いて、飯つくって掃除して風呂焚いて、飯つくって……。無限ループだ。

かつてハンナ・アレントという女性哲学者が、生命を維持するための必要最低限の「労働」(labor)の概念を説明するために、オムレツを作って食べたらなくなるでしょ[1994/535]、といっていたそうだが、我々の日常もだいたいこの種のオムレツの積み重ねでできている。

多喜二は、世直しや政治運動もまたちょうどそのような忍耐強さをたよりに推し進めなければならない、と主張した。「この循環小数を人はいくら迄続けてゆく根気があるであろう。これを一生涯せっせとつゞけ得るものがあったら、その人こそ社会改造家であり得る人である」[1982/32]。三歩進んで二歩下がる。漸進で前進する初期多喜二はなかなかいいことをいう。

その際限なき過程にプラグマティズムが言えることがあるとしたら、有限性の観点、優先順位の観点を入れよ、ということだ。田中王堂は具体理想主義といった。生活と政治の順接にすかさずツッコミを入れる。生活の循環と政治の循環はまるで違う。社会が悪いのはその通り。でもそれが変わるまで待ってたらこっちが死んじゃってるよ。だから、即効的または短期的な処方箋が欲しい。英雄的ではないが、小市民の身の丈に合った正直な望みだ。

大きな歴史はマルクス主義、等身大の時間はプラグマティズム。三隅一成御用達のG・H・ミードによって過去と未来は現在次第という現在主義が唱えられていたことを思い出そう。得意とするところが違うのだからうまく使い分ければいい。餅は餅屋、絵に描いた餅は餅画家にというわけだ。

餅画家という職業があるかどうかは知らない。

コモン・マンと生活綴方運動

和子がもった、市井の女性たちへの関心は、生活綴方運動の没頭を導いていく。

生活綴方運動とは、戦前の教育勅語的なみんな一緒への反発から、子供が実際の生活で経験したこと・感じたことを自分の言葉で表現するよううながす作文法で、戦後では国分一太郎の『新しい綴方教室』や無着成恭という農村教師が記録した『山びこ学校』をきっかけに復活した。書き手の対象が大人になると慣例で生活記録運動と呼ばれることが多い。

和子はみずから運動の現場に参加し、主に女工や主婦たちの生活の記録に注目した。ここから『エンピツをにぎる主婦』や『ひき裂かれて』などの著作が生まれた。

動機には、「ジョン・デューイのコモン・マン（普通人）の哲学の影響を強くうけて、生活記録運動に参加した」［1997/10］ということがあったらしい。偉人の歴史でもなければ職業作家の書きものでもないところがポイントだ。「コモン・マン」は清水幾太郎も大いに参照していた概念である。

デューイが来日して講演を行ったことは既に紹介した。日本のあとにデューイが向かったのが中国。かの地を紹介したのが胡適《こてき》という学者だった。コロンビア大学で学位をとった胡適は、デューイの授業に感化され、やがて本国での白話運動を牽引するようになる。白話運動とは古語を口語に置きかえようとするもので生活綴方運動との並行性を連想させる。

生活綴方運動への関心は弟の俊輔にも認められるもので、フライング的にいえば久野収との共著『現代日本の思想』では、そのものズバリ、「日本のプラグマティズム」として生活綴方運動が紹介されている。素人による読み書きは、『思想の科学』においても全国のサークル運動を紹介する編集方針と一体になって、雑誌を特徴づける大きな看板となっていった。

そうそう、読みやすさを配慮したのか、鶴見姉弟はともによく分からないところで漢字を開く。先ほど引用したものだと「もののみ方」とか。読みにくくてたまにウゼえと思う。

三段階だから似たようなもの？

敗戦直後の和子にとって、プラグマティズムとマルクス主義は水と油のような関係をもっていた。

この捉え方は決して和子だけに見られるものではなく、左っぽい著者が書いた古いプラグマティズム解説本だと単なる資本主義イデオロギーだとか反革命のデマゴギーだとか平気でこき下される始末だ。かわいそう。

が、これとは違う思考の筋道を発見した学者もいた。『思想の科学』でもたびたび健筆をふるうことになる上山春平である。

上山の主著の一つ『弁証法の系譜』は、特にパースのプラグマティズムとヘーゲルの哲学から派生したマルクス主義に重要な共通点を見出そうとする。つまりは、どちらも「弁証法的方法」を引き継ぐ兄弟である、というのがその骨子だ。「弁証法的方法」とは、「直観的方法と分析的方法を統一する方法」[1996/178]のことである。

難しい。解説してみる。

直観とは、そのまま観るということ。よくよく考えてたどり着いた認識ではなく、第一印象でつかんだものくらいの言葉だ。対して、分析とは、ここでいう「よくよく考えて」みることだ。反省して吟味することだ。

駆け込んだ終電にぎりぎり間に合い、夜もふけた帰宅途中。街角の煙草屋には今日も婆さんが座っている。結構なことだ(直観)……ん、いや、待てよ、あの婆さんおととし死んで葬式も挙げたじゃないか……しかもこんな時間……あいつ誰だ？（分析）……まさかの怖い話である。

さて、「弁証法的方法」とは、ここにおいて恐怖に負けずに、あの幻のような婆さんの正体がなんだったのか実際に確かめてみる、という方法を指す。その結果、幽霊だったことが分かるかもしれないし、まさかまさかの双子の妹だったことが分かるかもしれないし、そもそも煙草屋なんて現実にはなくて単に過労によって脳が生み出した幻覚だったことが分かるかもしれない（これが一番怖い）。とまれ、これにて「直観」と「分析」が「統一」される。

この三段階を上山は、マルクス主義の場合ではテーゼ・アンチテーゼ・ジンテーゼと解するが、これと並行するようにパースの論理学にも仮説・推論・検証という三つのステップがあって大まかにいってそれぞれ対応している、と考える。

人間魚雷で人生終わった

この理解が専門のマルクス主義者やプラグマティストから文句の出ないようなものかどうかは保留しておこう。

上山は鶴見俊輔の著作を読んでパースを知ったという。これに後続する上山パース論、さらには並行するプラグマティズム関連の翻訳仕事も重要だが、それ以上に、プラグマティズムの格率は上山の実人生にとって大きな基準を与えたようにみえる。

大正一〇（一九二一）年、日本の植民地だった台湾で生まれた春平少年は、一六歳のときに西田幾多郎の『善の研究』に出会い、哲学に魅せられていく。一九歳のときにカント『純粋理性批判』のなかにあるカテゴリー論と格闘し、情緒不安定になった結果、首吊り自殺を試みる。なんとか未遂に終わった。翌年、京都帝国大学の哲学科に入学。戦争の影がすでに忍び寄っていた卒業後は海軍に入隊、特攻隊に配属され、九死に一生を得る。回天という人間魚雷として自爆必至で突撃する悪夢のような任務だった。

上山は『深層文化論序説』のなかで次のように述べている。

「当時、戦局がしだいに急迫し、学生も兵隊として召集されはじめた。しかも学徒兵は、もっとも戦況の厳しいところに立たざるをえないような状態であった。それは、日常の生活の中から突然そういう死を決したところへ、なにかのイデオロギーの力を借りて飛び込むというふうな形ではなかった。ずるずると、底なしのすり鉢へずり落ちていくように、しかも、自分で決断したような恰好で落ちていく。そして、いよいよ自分がはっきり死を賭した行動にはいる前に、なんとかその行為

の意義をみつけたいという強い気持ちが湧いてくる」［1995/303］

武将の血が流れている？

上山と同じ部隊に和田稔という男がいた。訓練中に行方不明となり二三歳の若さで逝去。軍隊生活中の日記をまとめた『わだつみのこえ消えることなく』という本がのちに出版された。

上山は残された日記の記述から、和田が自由主義や個人主義にシンパシーを抱きつつも、自分の家が楠木正成――鎌倉時代末あたりに活躍した名将――の血筋を引いているために、その子孫として恥ずかしくない死に様を望んでいたことに注目している。この手の話はだいたい嘘くさい。家系図があったとしても、果たして信用に足るものかどうか。が、上山はその疑念を認めた上で、彼の信念がその行動を支えていたことを無下にできない。

「いよいよ死を覚悟しなければならない状況に追いつめられたときには、「軍国主義者」とか「国家主義者」といわれた人々のアイドルであった楠《ママ》正成に自分を同一化することで、心の安らぎをえようとしている。その態度を、戦後的な観点から冷笑的に扱おうと思えば、いともたやすく扱える

けれども、少なくとも私には、そのようなことはできない」［1995/306］

一見、頭が悪い、つまりは事実に適していないようにみえる言葉にも、そこにはなんらかの実益にかなった意味がある。ここで働いているのは、まさしく言葉の意味を結果＝効果に求める、プラグマティズムの格率ではないだろうか。

自分を（半信半疑ではあるが）楠木正成の血族のなかに位置づける……すると決死の状況のなかでも「安らぎ」が得られる。そういう状況性を離れて一方的に審判する正しさに、果たして誰が救われるというのか。

危険な意味

もちろん、同じことを批判的に捉えることもできる。プラグマティズムでは、そもそも人間魚雷などという馬鹿げた作戦を実行するのは止めよう、という根本的なツッコミが出ない。

——そうはいってもねー、現実問題さ……。

みたいなノリに気圧されて、その種の提案が理想論扱いされてしまうからだ。石橋湛山のときに学んだ。

いや、それ以上にプラグマティズムは使い方次第では、理不尽な状況に慰安を与えて、テキトーな意味をでっちあげて、反抗の牙をことごとく折っていく管理体制強化の方便にもなりえてしまう。人間、意味がないとやってけない。ただある、ということに耐えられない。自分の仕事がなにか大きな世界につながっているのだと信じたい。が、その「信じたい」が先走れば、意味の方が言葉に迎合して、空疎なようにみえるスローガンが周囲の人間や自分自身に過酷な命令を課しても頓着しない。戦時中の《八紘一宇《はっこういちう》》はどうだったか。アルバイト紹介サイトにある《本当のキミに出会える》は？　政治家のいう《年金一〇〇年安心プラン》は？

鶴見和子が警戒していた大きな歴史や構造の視点の欠如は、やはり核心を衝いていたところがある。

お願い桑原親分

上山春平は昭和二九（一九五四）年に京都大学人文科学研究所の助教授になった。通称、人文研。ここは新京都学派とも呼ばれるトガった思想集団の拠点地になっていく。京都学派とは西田幾多郎や田辺元といった戦前に日本独自の哲学を築こうと頑張った京大周辺の連中のことだ。戦後だからこれに新がつく。

上山を京都に誘ったのが、桑原武夫というフランス文学者だった。平成二七（二〇一五）年に遺族から寄贈された桑原蔵書を京都市が勝手に処分しちゃった事件で少しだけ有名になったことがある。

実のところスカウトされたのは上山だけではない。鶴見俊輔も、『思想の科学』ファンだった桑原の強引な人事によって人文研に連れてこられた。桑原が東北大学から京都大学に移って責任ある役職に就けるのを好機に勧誘した。というより、上山の抜擢はそもそも鶴見が鬱病で大学に来れなくなっちゃったというアクシデントに対応した、穴埋め枠であった。

強引というのは、そのときの鶴見の学歴が、小学校中退から一気にハーバード大学卒業という頭がいいのか悪いのかよく分からない学歴の持ち主だったからだ。くわえて、アメリカ留学終了間際に日米間で戦争が始まってしまい、卒業前なのに、アナキズムにも関心があるらしい敵性外国人として留置所にブチこまれるという厄介な経歴をもっていた。でも採る。破格の人事である。

デューイ芸術論

そんな桑原も、プラグマティストっぽい一面をもっている。とりわけ強調されるのが、戦時下の東北大で読んでいたというデューイ『経験としての芸術』だ。桑原のものを読んでいると、ちょくちょくデューイの言葉が出てくるが、大方がここからの引用になっている。昭和二六（一九五一）年刊行の『歴史と文学』には、このデューイ本の要約を旨とした講演の記録も残されている。

回想文「おのずと」によれば、それはものごとには「悪いことも良い面があるのではないか、といつも反射的に考えた」〔1980a/293〕といった子供の頃からの性分のなかで受けとめられたようだ。「プラグマティックだったのかも知れない。戦争中はじめてデューイを読んで嬉しかった。初めて覚ったのではない。あれでよかったのだとでもいうべき安心感があった。私はプラグマティズム学者としては失格だが、プラグマティストとしてはそう低いランクにはいないと思っている。異国の学説を精密に読みとることも大切だが、それを実地で使ってみたい気持のほうがつよい」〔1980a/293-294〕

愛読されたデューイ本は、大学で行った講義をもとにした彼唯一の芸術論だ。その趣旨は、芸術作品がいったん古典に入ると、まるで以前からそれ単体で成立していたかのように受け止められるものの、本来は固く結ばれていたはずの「現実の人生経験のなかでその作品が生みだす人間的結果」[2003/9]を忘れてはいけないよ、という社会的芸術論にあった。

芸術をあくまで人間の経験のなかで、社会のなかの様々な交流が生み出した産物として捉えようとする。つまり、芸術なるものを手が届かないような何か超自然的なものを表現するもんだと勘違いしちゃいけないよ、というアドバイスだ。

経験の拡張としての文学

こういった視線は、いうまでもなく桑原自身の芸術論に活かされていく。

菊地暁は、新京都学派がもっていた共同研究やフィールドワーク、大衆文化への関心といった研究的傾向を指摘しながら、同時に、「新書ライター」[2013/31]育成塾の観すらある、反象牙の塔的なジャーナリズムの特徴を人文研に読んでいる。

岩波新書から出た桑原武夫『文学入門』はその代表格であろう。そのなかで桑原は、文学作品をもう完了した「経験」である、と定義しているが、ここにデューイの影を見出すのは難しくない。

作者がただ絵空事のお話を夢想しただけでは作品は結実しない。自分の関心（interest）を言語という他の人々と共有する客観的世界との関わり合いのなかに置く、そのように創作することによって初めて作品が出来上がる。すると、今度は言葉のほうが逆を向いて作者の関心そのものを刺激する。関心とは語源的には、人の間にある（inter-est）の謂い。「そうした相互作用をつづけることによって、そこに一つの現実的な一つの新しい経験が形成されてゆき、その完了した結果がすなわち作品なのである」[1963/18]。

そもそも、なぜ文学など読まなければならないのか？　や、具体的な効用がある。決して行動には移さないけども、もしも実際にあんな人生を選んでいたら……というＩＦを経ることで「行動直前的心的態度」[1963/21]、いわば経験の拡張が得られる。これは小難しい理論が与えるものとは異なる、実地にそくした人間知識でもあろう。

共同研究を組織する

ただし桑原の才のみせどころは、単著というよりも共著、または他人との共同作業にあったと考えたい。デューイにとって社会は健全なコミュニケーションによってよりよい方向に進んでいく。思えば『文学入門』でも次のような文言に出会う。

「文学が人間と人間とを結びつける力をもつといわれるのも、このコミュニケイションの作用なのである。〔中略〕作家と読者を結びつけるのみでなく、孤独な文学者のつくった作品に媒介されて、孤独な個々の読者たちが、その孤独を脱して一つの精神の協同体（community）を形成する。文学のもつ、この尊く、美しい職分、コミュニケイションを軽視してはならないのである」［1963/42］

前向きすぎてコミュ障にはちときつい。それにしても、桑原の仕事を総観してみて痛感するのは、特に京都に移って以降、彼が多くの共同研究を組織していたということだ。

共同研究というスタイルは理系だとよく見かける、というよりも基本的に共同で行う方が圧倒的多数である。対して文系だとあまり聞かないし、ちゃんとした方法も普通は学ばない。図書館に独りこもってなんか黙々と調べているイメージだ。

桑原にとって研究とはそのようなものではなかった。一九五〇年代から七〇年代まで、ジャン＝ジャック・ルソー、百科全書派、フランス革命、中江兆民など、フランス文学に関連する研究成果がそれぞれ編著のかたちでまとまっている。

学問とはひとり机に向かいながらコツコツ石を積み上げるように勉強する孤独な営みである……

などという偏見を、分野を仕切る壁もろともぶっ壊す。

研究は楽しくてよい

それにしても、狭い意味での専門分野、いわば得意技がてんでばらばらなのに一緒に研究などできるのだろうか？　桑原は二つのアイディアを紹介している。「会読」と「カード・システム」だ［1980b/399］。

会読とは、一冊の本をみんなで読んでいくこと。たとえば、ルソーに『社会契約論』という近代民主主義の聖典みたいな本があるのだが、参加者はこれの訳稿を事前に用意しておき、みんなでたたき合って決定稿をつくっていく手法が採られた。これにより、テクストに関する共通の訓練ができる。

もう一つのカード・システムとは、研究の過程で重要な事実や文章が見つかった場合、それをカードに写して、参加者全員に配り、かつ本部に貯めていく手法。これによって相互の情報の共有がはかられる。

ただし、いくら足並みをそろえたいからといって、最初からイデオロギーを統一しようとしてはいけない、と桑原は注意をうながす。たとえば、フランス革命について賛成か反対か、同じ意見になるまで研究しない……などということを言い出したら、いつまで経っても始まらない。そこはスルーで。つまり、「学問にたいする愛情があるかぎり、その愛情の持ち方はさまざまであってよろしい」［1980b/402］という前提を守るのが肝要だ。

むしろ、配慮せねばならないのは、大学の所属にくっついてくる偉さの序列を徹底的に排除することだ。非常勤講師よりも准教授が、准教授よりも教授が……という大学内ピラミッドをつき崩す。原則として「一たび共同研究のテーブルにすわったら、そこでは対等でなければならない」［1980b/404］。このような思想には、デューイが待望していた民主主義の理想が、研究者倫理のかたちに翻訳されて活きていよう。桑原の次の言葉は、現代でも多くの研究者たちを激励する。

「たとえば、研究をみな楽しそうにやっているという。これが批判になるのはおかしいのですが、日本の学界には禁欲主義みたいなものがあって、学問とはつらいこととみつけたり、ということでないといけないような空気がありますが、私はいやいややる学問にろくなものなしと考えております」［1980b/406］

多田道太郎とカイヨワ

桑原武夫を紹介したのだから、この人の名前を挙げないわけにはいかない。フランス文学者として出発しながら、日本の風俗研究や軽妙な日本論を数多く執筆した多田道太郎である。

京大の学生だった多田は、京都に移った桑原武夫と鶴見俊輔の人文研が始めようとしていたルソーの共同研究に志願し、みごとその才能が評価され、院生でありながら他の教授らと肩を並べる研究者として出発した。以降、多田は桑原鶴見両名の歩みにつき従い、『思想の科学』での寄稿や編集にも協力するようになる。頼れる若手ホープだ。

多田が論及したテーマは多岐にわたる……というか雑多にわたるが、遊戯論、遊びについての文章には注目すべきものがある。特にロジェ・カイヨワの『遊びと人間』の翻訳を担当したことは特筆しておいていい。塚崎幹夫と共訳して昭和四六（一九七一）年に講談社から出た。

カイヨワの『遊びと人間』は、ホイジンガという人の『ホモ・ルーデンス』なる著作にならぶ遊戯研究の古典で、アゴン（競争）・アレア（偶然）・ミミクリー（模倣）・イリンクス（眩暈）の四大要素で古今の遊びを分類した。これに触発されたかのように、多田自身、『遊びと日本人』という日本版遊び論を書いてもいる。

経緯を説明すると、カイヨワが二度目の来日のとき桑原武夫と懇意になり、『遊びと人間』の翻訳を桑原にたくし、任された桑原が今度は多田にたくしたというのがことの流れのようだ。訳者後記によると、多田のもっている『遊びと人間』初版本には「桑原武夫教授にささぐ、この書物における運命を託して」[1971/385]というカイヨワ直筆の献辞が刻まれているらしい。

ただし、『遊びと人間』の翻訳は決して多田が初めて取り組んだのではない。先行者が、というよりもほぼ同時に訳に取り組んでいた並走者がいた。その名もなんと――ここで出てくるのか！――清水幾太郎その人である。昭和四五（一九七〇）年に、霧生和夫との共訳が岩波書店から出ている。

多田訳は、日本初の誉《ほま》れから一歩遅かったものの、原著の一〇年後に出た増補改訂版に依拠し、しかも日本語版専用の序文までカイヨワにもらっている周到ぶりなので、参照するとすれば圧倒的に多田＋塚崎訳。今日では清水の訳業に注意を払う者はいない。

ゲーミフィケーションとは

それにしても、プラグマ好きならば遊び人にならなきゃいけないルールでもあるのだろうか。決してそんなわけでもないだろうが、ヴィトゲンシュタインは言語を一種のゲームのように理解したことがある。その要所、つまりは言葉一つひとつに意味的内容が込められているのではなく、文脈や状況によって適切な役割が言葉に当てられるだけ、という機能主義的意味論は、言葉の意味を使用から考える語用論と近しい。

ならば、今日でいうゲーミフィケーションはプラグマティズムの発想の現代的派生として評価できるかもしれない。ゲーミフィケーション（ゲーム化）とは、ゲーム的要素を用いて実際の社会的活動やサービスへの動機づけを高めようとする仕掛けを指す。

具体的には……そう、女性の諸君はご存知ないことかもしれないが、男性用小便器にはシールが貼ってあることがあって、それは的を目がけて尿を排出するという射的の要素を取り入れることで尿が飛び散ることを防ぐ目的がある。まったくもって単純な生き物である。

ほかにも、政治家が選挙協力を集めるためにウェブ上で貢献度に応じたレベルアップの制度を設けユーザーの応援活動をロールプレイング風のゲームに変える工夫や、環境負荷低減の目的のもとカフェで持参のマイカップを持参した人の数をカウントしておきキリ番になったらコーヒー無料などのくじ引き要素。これらも典型的なゲーミフィケーションだ。

日常のなかの些末だったり面倒に思える行動も遊びの要素を取り入れることで、ある大目的に導くことができる、しかも楽しみながら。この方向性は、使えるものはことごとく使っていくというプラグマティズムの姿勢を連想させるものだ。

遊んでいるのか遊ばれているのか

とはいえ、プラグマティズムがそうであったように、ゲーミフィケーションにも看過できない問題がある。その名も『ゲーミフィケーション』の著者、井上明人は四つの争点を挙げているが、そのなかでも、「技術は使い手を選べない」〔2012/223〕という前提は重要だ。

つまり、ゲームによって設定される目的が善にかなうものならば支障ないわけだが、反対に、政治的社会的に偏った目的が、或いは端的に悪しき目的が設定されていたとしても、人はゲーム楽しさに嬉々としてそれに従ってしまう危険がある。井上はリアルな戦争ゲームが実際の戦闘に貢献してしまう事例を紹介している。

多田はカイヨワを引きながら、余暇の増大によって、「俗」の世界から「遊」の世界へと人類が移行していく歴史観を立てているが［1980c/27］、いまや、「遊」の要素は「俗」のなかに侵入して、経済活動や政治運動を陰に陽にアシストする。ゲーム実況をYouTubeに流すことで生計を立てる者が現れるなど、いったい誰が予想しただろうか？

遊ぶことが仕事になる時代。が、それは同時に自身の遊びたい欲を誰かにもて遊ばれているだけなのかもしれないと常に反省せねばならない、しんどい時代でもある。

もう一つ。ゲーミフィケーションは図らずも、方法としての試行錯誤の意外な落とし穴を引っぱりだしてもいる。つまり、試行錯誤の漸進的な運動は、その方位、目的性があらかじめ決まっていなければ用をなさないということだ。間違えても、それを改めて次に挑む……このプロセスにおいて、その「改めて」をどこに向けて再調整すればいいのか、なにを続行しなにを訂正すればいいのか、その答えは達成したい目的を既に知っている場合に限られる。なにをやりたいのかそもそも分からないものに対して試行錯誤は使えない。この特徴はプラグマティズムにとっても測量の思想というかたちでよくも悪くも波及している。

〈引用文献〉

[1946a] 古在重人『現代哲学』、三笠書房。
[1946b] 鶴見和子「デューキ社会哲学批判の覚書(1)」、『思想の科学』五月号。
[1946c] 鶴見和子「デューキ社会哲学批判の覚書(2)」、『思想の科学』八月号。
[1963] 桑原武夫『文学入門』(改版)、岩波新書。
[1971] 多田道太郎「訳者後記」、カイヨワ『遊びと人間 増補改訂版』収、多田道太郎・塚崎幹夫訳、講談社。
[1980a] 桑原武夫「おのずと――学びの出発」、『桑原武夫集』第九巻収、岩波書店。
[1980b] 桑原武夫「人文科学における共同研究――京都大学退官記念講演」、『桑原武夫集』第七巻収、岩波書店。
[1980c] 多田道太郎『遊びと日本人』、角川文庫。
[1982] 小林多喜二「「下女」と「循環小数」」、『小林多喜二全集』第五巻収、新日本出版社。
[1994] 志水速雄「訳者解題」、アレント『人間の条件』収、ちくま学芸文庫。
[1995] 上山春平『深層文化論序説』、『上山春平著作集』第六巻収、法蔵館。
[1996] 上山春平『弁証法の系譜』、『上山春平著作集』第一巻収、法蔵館。
[1997] 鶴見和子「わたしの仕事」、『コレクション鶴見和子曼荼羅』第一巻収、藤原書店。
[1998] 鶴見和子「プラグマティズムの歴史理論」、『コレクション鶴見和子曼荼羅』第三巻収、藤原書店。
[2003] デューイ、ジョン『経験としての芸術』、河村望訳、人間の科学新社。
[2012] 井上明人『ゲーミフィケーション――〈ゲーム〉がビジネスを変える』、NHK出版。
[2013] 菊地暁「新京都学派＝京大人文研のユニークさを「新書」から読み解く」、『Kotoba』秋号、集英社。

〈引用しなかった参考文献〉

- 山本晴義『プラグマティズム』、青木書店、一九五七年。
- 柴山哲也『新京都学派――知のフロンティアに挑んだ学者たち』、平凡社新書、二〇一四年。
- 菅原潤『上山春平と新京都学派の哲学』、晃洋書房、二〇一九年。

第八章

哲学×プラグマティズム＝鶴見俊輔

不良アコガレ

面倒くさい先輩類型の一つに、オレも昔は悪かったんだぜ式の武勇伝之助がいる。地元じゃ負け知らずとか、一人で一〇人を相手に喧嘩したとか、勢い余って学校の窓ガラスを割ったとか。要するに、盗んだバイクで走り出したはいいけれど、そのままハロワに行って無事就職、結婚して子供も二人できました、みたいな連中がもっている、不良イコール個性と勘違いした見栄を多分にふくんだノスタルジーのことである。不良マウンティング。

鶴見俊輔（1922–2015）という思想家には、伝之助のきらいがある。鶴見の種々の回想録のどれをめくってみても、一〇代の自分がいかに悪かったのか、不良少年だったのかの話に終始している。劣等生で落ちこぼれだったやら万引きを繰り返したやら。年上女性との不純異性交遊ほのめかし、自殺未遂等々、なかなかのツワモノである。

鶴見は一五歳のときにアメリカに留学するが、それはあまりに非行を繰り返すことで困った両親が強行した勘当同然のものだった。

総理大臣の名前を貰う

だから自然、不良話に花が咲く。後年、学校で一番をとること、時局の変化という抜き打ちテストに応じて我先にリベラルになったり熱烈な愛国者になったりする節操のなさに、日本的インテリの限界を読んだ鶴見は、これを「一番病」[2004/19]と名づけて痛烈に批判する。不良の過去の吹聴は一番病への反発から来ていると解釈することもできるだろう。

もちろん、鶴見がただの伝之助だったとは思わない。そもそも超エリート一家のご子息だ。名前だって、初代総理大臣・伊藤博文の改名以前の名「伊藤俊輔」[2004/29]から採っているのである。プレッシャーがすぎる。

品行不良の数々の振る舞い自体、ある種の反動であったかのようだ。母親の厳しい愛ある教育もあって、もうちょっと限界っス、という気持ちは分からんでもない。だから、鶴見の伝之助が喋り出すとき、そこには不良話で威圧してやろうという魂胆よりも、両親の期待に応えられなかった情けなさとエリート主義から抜け出せたほのかな自信が混ざり合ったアンビバレントな調子があるように思われる。

マチガイ主義

鶴見は、パースに由来しプラグマティズムを大きく特徴づけるところの可謬主義（fallibilism）、我々がいうところの転んでもいい主義を「マチガイ主義」と訳す。

「絶対的な確かさ、絶対的な精密さ、絶対的な普遍性、これらは、われわれの経験的知識の達し得ない所にある。われわれの知識は、マチガイを何度も重ねながら、マチガイの度合の少ない方向に向かって進む。マチガイこそは、われわれの知識の向上のために、最も良い機会である。したがって、われわれが思索に際して仮説を選ぶ場合には、それがマチガイであったなら最もやさしく論破できるような仮説をこそ採用すべきだ（これは、もはやプラグマティズムの原理と同一である）」［1991/28］

上野俊哉は、アンビバレントな伝之助にマチガイ主義に通じる性格を読んでいる。つまり、「ワルぶっている者」とは自分の悪に対する自覚そのものであり、「意志的に偽悪を通して生きなおす」ことで「マチガイ主義は裏切りや転向に対して寛容にな」り、「単に許容するのではなく、その意味を探り、次の動きに活かそうとする」姿勢に通じているのだ［2013/35］。

転向とはマルクス主義を信じて革命のために頑張っていた運動家が色々あってヤーメタとなる政

治的な転機のこと。戦前の運動家たちの多くが挫折して苦い味をかみしめ散っていき、これに反比例するように、戦後になるとやめないで頑張っていた非転向がヒーロー扱いされていた。様々なケースの曲折経緯をまとめた鶴見の編著仕事に『共同研究　転向』がある。

マチガイ主義は、もちろん、アメリカのプラグマティズムによって理論化されたものだった。少年はアメリカに渡った。

敵性外国人として

都留重人のすすめもあって、鶴見はプラグマティズムの門を敲く。チャールズ・W・モリスのプラグマティズムの講義を受け、さらにはクワインという、知る人は知る有名な哲学者との一対一の個人講義のなかでパースを読んだ。卒論にはジェイムズを選ぶ。プラグマ三昧だ。

が、日本との戦争の予兆がただようにつれ、アメリカに暮らす日本人としての鶴見は、敵性外国人として針のむしろに放り込まれてしまう。いや、それ以上に、ある日FBIが訪ねてきて、アナキストの容疑で留置所にぶち込まれてしまうまでに至る。いわゆる臭い飯である。といっても、「おもにスパゲッティーか、マカロニで、私が牢獄の外で食べていたものより良質だった」〔1971/11〕らしいが。

捕虜交換船で還ってきた日本は、戦争のまっただなか。海軍に志望し、翻訳仕事をこなすなかで書き進めたのが、初めての著書になる小著『哲学の反省』であった。さらには終戦後、『思想の科学』が創刊、京大人文研への就職を経て、留学の成果をふんだんに盛り込んだ初期代表作を『アメリカ哲学』にまとめた。

ちなみに、初期鶴見の文章は長い外国生活を経たせいか日本語がヘンだ。《パースは〜》と書くところはだいたい《パースわ〜》となっている。自分でもコンプレックスに感じていたようだ。

パースの門

『アメリカ哲学』はパースを厚く扱っている。これは画期的なことだ。というのも、既にみてきたように日本でのプラグマティズム研究は難しいパースを回避して比較的理解しやすいジェイムズやデューイに重きを置くのが常であったからだ。「プラグマティズムについての真面目な勉強は、なんとしても、まずパースの門をくぐらなくてはならない」〔1991/15〕となかなかの意気込み。

鶴見がパースを愛するのは決してその主張内容に限ったことではなかったはずだ。パースは哲学を自身の職業にしなかった。というよりも、できなかった在野研究者だ。読んでいるこっちまでトホホになってくるパース伝といえば、ジョゼフ・ブレント『パースの生涯』だが、では、なにで食ってたかというと、アメリカの海岸の測量士という技術者として働いた。

そのキャリアが鶴見に与えたものは意外に大きい。鶴見はインテリの「一番病」を批判する代わりに、大衆の知性を擁護し、『思想の科学』でも上坂冬子、佐藤忠男、加太こうじといったアマチュア評論家を輩出できたことを誇りとしている。

その背後には、たとえば働きながら自分の研究活動をやめなかったパースの人生への深い畏敬の念があったに違いない。「もし彼が大学に職を与えられて、五十年もぶっつづけに学生たちに向かって哲学史の講義ばかりしていたとしたなら、横紙破りの哲学は彼から生まれなかったかも知れぬ」〔1991/20〕。ビリビリ(紙を破っている)。

測りながら考える

もう一つ、パースの仕事が測量であったことは、鶴見のプラグマ観にちょっとしたひねりをもたらした。プラグマティズムの、よくいえば柔軟さや臨機応変性、悪くいえば節操なさや非体系性は、「ものさし」として使うときにでてくる不可避の特徴であるという理解だ。コレがデカいといえるのはアレに対してデカいからで、この「対して」というのがなくなってしまえば絶対不変の基準が屹立するが、プラグマティズムはそんなのは認めない。

「アメリカ大陸というものに渡ってきたとき、ものすごくでかいところだから、イギリス人はとても困ったんだ。そうすると、まず測ることがビジネスになるわけ。大陸を測ることが、何十年もつづく国家事業になる。パースの親父はそれのボスで、息子のパースもそれで食っていたんだ。解雇されたけど。ミードも測量で食っていた。ヘンリー・デイヴィッド・ソローだってそうだ。測り屋なんだ」〔2007/132〕

ソロー（Henry David Thoreau, 1817–1862）は、大自然のなかでアウトドア生活はじめちゃいました系の古典である『森の生活』の著者として有名。超越主義の一人に数えられることもある。そしてソローもミードも、測量士として働いていたことがあった。三隅一成は、その測量的傾向を労働者の技能管理に用いようとしていた。

測るという動詞は、すこぶるアメリカ的だと鶴見は考える。というのも、アメリカとは発見の遅れた新大陸であり、大きすぎてその全貌が測りかねるところだったからだ。だからこそ、開拓精神《フロンティア・スピリット》を鼓吹するところでもある。

プラグマティズムはそういった歴史の浅い大陸的条件のなかで求められ、つちかわれてきた思想だ。鶴見和子がマルクス主義に一歩劣る弱点として大きな歴史観の希薄を挙げていたことを思い出そう。ものの意味をそれ自体としてあると考えるのではなく測ることを通じて出てくると捉える。実験主義も同様で、「これが真理だとすれば、どういう実験でそれを確かめられるのか」という問いの立て方は「もともとは測量の計画」なのだ[2007/132]。

マイナー固有名の群立

鶴見の『アメリカ哲学』を読んでいると、ユーモア小説家である佐々木邦を日本のプラグマティストに数えることにくわえ、もう一つ稀有な特徴に気づく。

マイナー固有名がたくさん！

御三家であるパース、ジェイムズ、デューイに加えて、変わり種としてミードを入れる……くらいがだいたいの入門書の典型的な書き方。鶴見はそういった王道を当然のごとく押さえながらも、グリーン、ライト、ホウムズ、サンタナヤ、オットーといった、やや片隅に捨ておかれがちな面々にも目配せを忘れない。特に弁護士だった小オリバー・ウェンデル・ホウムズ――お父さんも同じ名前なので頭に「小」がつく、『椿姫』を書いたデュマ・フィスみたいなもの、『三銃士』や『巌窟王』の作者の息子《フィス》だ――の詳述はかなり珍しい。

なぜこのような書き方をしているのかというと、思い出して欲しいのだが、プラグマティズムは形而上学クラブという小集団のなかで発生したものだったからだ。鶴見にとってこの事実はのちまで響く重みをもつ。つまり、ある思想とは、一人で腕組みながら仁王立ちしている有名固有名の文章で成り立っているのではなく、その周辺にいる仲間や有象無象（に見える小さな個人ら）の、時として歴史の記述からも消え去ってしまいがちな、ざわざわしたお喋りや掛け合いのなかから活力を得てきたのではないか、と。

サークルの思想

このことは、鶴見のサークルの関心へと結ばれていく。サークル活動とは、大した計画性もなしに自然発生した小集団、その付き合いのなかで生まれる文化的な営みのことだ。サークルという用語自体は、昭和六（一九三一）年、蔵原惟人というマルクス主義の理論家によって「プロレタリア芸術運動の組織問題」という評論のなかで用いられた。ただし、掲載されたのが『ナップ』という共産党の機関誌であることからもお分かりのとおり、サークルとは戦前ではハードな革命思想を中立的な一般市民にまで広げる、というよりも教化する方法として見出されたものだった。有望な運動家を、古い言葉でいえばオルグ（organize の頭三字）するための呼び水みたいなものだ。

黒川創による充実の鶴見伝によれば、昭和八（一九三三）年、小学校五年生の幼い鶴見が読書会を企画したところ、学校の先生に渋い顔をみせられたそうだ。あとから気づくところによれば、「当時、読書会は、旧制高校でRS（リーディング・ソサエティー）と呼び換えられて、共産主義について学ぶ場とされていた」［2018/61］のだそう。

みんなで読書会超楽しい……と思いきや、肩をたたかれ、キミなかなか見どころあるね、共産党に入らないかい、と勧誘開始。《サークルクラッシャー》や《オタサーの姫》でお馴染みなサークルにもこんな黒歴史があったのである。

思想の母胎

政治的党派の対立や緊張よりも、鶴見は戦後のより軟化した小集団を高く評価する。昭和三四(一九五九)年の「思想の発酵母胎」では次のように述べている。

「自分じしんがかなりあいまいでありながらも、他人にそのイメージとアイディアをつきさしてゆかざるを得ない編集者の仕事が、サークルの中での思想のうけわたしの一つの原型であるように思う。そこには、「必ずこう考えろ」という指導者から被指導者への思想の伝達方式と区別されるような「こう考えればこうも考えられ、ああ考えればああも考えられる」という選択的な判断の結合形態において思想がうけわたしされる」[1975/301]

サークルにおいて、思想は編集されるものとしてある。創造ではない。色々な人が集まって一緒につくる、共同制作によって編まれていく。だから、頭のいい――しばしばマルクス主義に詳しい政治的な――指導者が馬鹿な民衆に教え諭すというエリート主義的な知の伝授のかたちは、たとえそれがサークル的集団内で行われていても、サークルの勘所を外していることになる。自身が信じる正しさを解除して、正しさを仮定の海に浴して「こう」や「ああ」という種々の選択肢に解きほぐすことに最大の効用があるといっていい。

このカオティックな未決状態こそ、実は知の始まり、「母胎」であって、どんなハードな思想体系もこの胎で育まれてきたのではないか。そう、たとえば形而上学クラブの存在がパースを支えたように。完成品が初手からゴロッとあるのではなく、段々と完成化の道のりを進んでいく。その試行錯誤の過程全体をつつみこむものこそ「母胎」なのだ。

日本の地下水

鶴見の知的「母胎」への関心は、決して論文のテーマだけで終わったのではなかった。昭和三一（一九五六）年から仲間と一緒に全国に散らばるサークルを紹介する「日本の地下水」という連載コーナーを始め、自身もよく地方のサークルへと訪問した。また、『思想の科学』周辺でも《〜の会》という名のサークルが群立して、大衆文化へのいっそうの親近を強くしていった。特に「サークルの歴史を書くサークル」を目指した「集団の会」での活動は鶴見のサークル研究の大きな支えとなった[1971a/177]。

それにしても、誰がつけたのかは知らないが、この「日本の地下水」という命名はなかなかに見事だ。戦前に輸入されたサークル活動は、前に述べた通り、中立的な文化活動で油断させておいてオルグ……という高度な政治的意図に縛られていた。当時、日本共産党は非合法の地下活動へと闘いの場を移し、必然的に生じた公に大衆をリクルートのできない困難に際して、サークル活動にその方途の一つを求めた。

つまり、戦前では公ならざる地下活動員を調達するための地上の領域こそサークルだったのに対し、「地下水」という命名はこのイメージを逆転して、地上で隆盛する豊かで華々しい文化からは見えにくい地下の水脈にサークル的なものを重ね合わせているのだ。ハードな政治主義への疑念がここにも透けてみえる。

三つの学風

昭和三八（一九六三）年、鶴見の「サークルと学問」は、サークルイズムを、アカデミズムの権威主義ともジャーナリズムの商業主義とも異なる知の形態、あたかも三派鼎立の一角をなすものとして宣言した評論だ。

鶴見は日本には三つの学風があるという。

第一に、「あてはめ学風」。西欧から模範となるべき学知の大枠を借りてきて、そのなかに日本の事例や内容をあてはめ、空所を埋めていくぶんだけ進歩したとする学風で、大きくいえば大学のアカデミズムに相当する。

第二に、「つぎはぎ学風」。大枠を借りてくるのはさっきと一緒だが、それを日本特殊の事情に合わせて変形させる。論壇などのジャーナリズムがやっていることだ。

そして最後に出てくるのが、そもそも枠組みを借りてくるのではなく、いまある自分の関心から自前で出発して、勉強が勉強を呼ぶように隣接するものをじわりじわりと捉えていく「つつみこみ学風」。もちろん、「このつつみこみの学風は、いくつかのサークルによって開拓された学風である」〔1991a/81〕。

つつみこみという運動は、「どれだけ多くのことがらが、特定の関心のフロシキのなかにくるみこめるのかが、あらかじめ予測できないが、状況の発展におうじて、より多くくるむことができる」〔1991a/81〕という短所長所がある。

付け焼刃で膨らむ刀は、決して名刀とはいいがたい。でも、鋳造の型を超えた想定外の広がりが楽しい。なまくらかどうかは切ってみないと分からない。そして、サークルの場合、その広がりを与えてくれるのが、同じ場所を共有する他人であり、彼らとのお喋りである。仮定のなかの選択肢を分けていく力の根本に、小さな他者（たち）との同居がある。

煙仲間

だから、サークルイズムのもう一つの特徴は、大きなメディアで流通しない小さな言葉を基調とする点にある。「集団の会」の成果である『共同研究　集団』において、鶴見は「なぜサークルを研究するか」という総論的な序文を寄せている。

ここでは、いわゆる思想史というものが、すなわち論壇（紙）誌の歴史になってしまう難しさに触れている。論壇なんて知らないよ、という人は今も昔も数多い。メディアで取り扱われる言葉はごくわずかだし、そこには一定の作法があってこれを守っていないとちゃんと載らない。それでも、人は日常生活のなかで、その付き合いのなかで言葉を操る。そこに思想がないって、それが思想じゃないって、一体誰が決めた？　だから必然、サークル研究は、サークル誌や同人誌といったお手製の言葉にこだわる。

鶴見は教育家の下村湖人《しもむらこじん》が使った「煙仲間」というサークルの言い換え表現を好む。いわく、「サークルは煙のようなもので、そこにそれがあったかどうかは、一条の煙によってのみ知られる。その煙も、しばらくの後にどこかに行ってしまう」［1991a/99］。論壇史ならば国会図書館に所蔵された雑誌のバックナンバーでもめくっていればいい。しかし、サークル史では同じ方法は使えない。ちょっと経てば会の記録は簡単に散逸し、「煙」はもう既に消え去っていて、どこでどんな色の火が燃えていたのかまるで分からん状態になってしまっているからだ。

攻撃としての書くこと

鶴見がもっていた生活綴方運動への高い評価は、「煙仲間」の「煙」をたどれる貴重な痕跡として読む必要があるだろう。復習しておけば、生活綴方運動とは自分の生活を反省して書き言葉に忠実に写し出そうとする市井の人々の作文法であった。

「プラグマティズムというのは、行為（プラグマ）が思想に先んじることを主張する立場であるとするならば、生活綴り方運動は、哲学史上のプラグマティズムよりも、もっと徹底的にプラグマティックな運動の形をもっている」［1956/75］

鶴見はアメリカと日本のプラグマティズムを比較して、前者が「読み方」の方法であったため「防禦的プラグマティズム」になったのに、後者の綴方運動は「書き方」であったため、「攻撃的プラグマティズム」になったという［1956/75-76］。

たしかにパースは意味を確定する方法として格率を用いていた。実際に、記号論との連絡もある。パースは記号なるものをイコン・インデックス・シンボルの三つの種類に分けたことでもよく知られる。記号学《セミオロジー》といえばフェルディナン・ド・ソシュール（Ferdinand de Saussure, 1857–1913）がとかく有名だが、パース流記号学《セミオティクス》の再評価はいままさに進みつつある最中だ。

ある記号が先にあってそれを読む……なるほど、読み方の問題といえなくもない。対して、日本の方は書くという能動性がある。記号を産む作業だ。この過程を通じて「書き手のおちいりやすい諸種類のまちがいの反省」[1956/75] が発生する。アメリカには綴方運動みたいなものがなかったんだろうか、とも疑問に思えてくるが、しかしこう整理されると、日本もなかなかやるじゃないか、と感心しなくもない。

ちなみに、「大衆の原像」の合言葉で知られる吉本隆明は「「書く」大衆と、大衆それ自体とのげんみつな、そして決定的な相違の意味は、生活記録論やプラグマチズムによってはよくとらえられていない」[1966/161] ……つまりは、書くってことは所詮はインテリしぐさじゃん、と述べて鶴見を批判した。でも、大衆の存在にコンプレックスをもっていたエリート鶴見は、そんな吉本と喧嘩することなく、仰るとおり、と反発をぐいと呑みこむ。けなげなやつである。

限界系

鶴見は、あてはめ・つぎはぎ・つつみこみ、という三つの学風を区別した。最後の「つつみこみ」が大きくいってサークル的なものと合致する。

この三分割は実は少し前に発表された「芸術の発展」という論考での三つの芸術タイプと並行している。「純粋芸術」「大衆芸術」、そして「限界芸術」である〔1999/14〕。

この三つは受容の型によって分割される。作り手ではなく受け手のほうに重心がある。具体的には、純粋芸術とは専門的な芸術家が専門的な連中によって享受されるタイプのもので、大衆芸術とは専門的な芸術家が企業の力などを借りて非専門的な一般人に訴える芸術のことだ。前者でいえば、ややとっつきにくい純文学小説を載せる文芸誌のような媒体をイメージすればいい。後者は、それとは反対に漫画やテレビゲームなどを連想していいだろう。

のこる限界芸術は、ご推察のとおり、非専門的な芸術家が非専門的な人々に受容されるもの。

おそらく、サークルイズムとは限界芸術の学問版と考えていい代物だったはずだ。実際、鶴見は民俗学とともに「限界学問としてのサークル活動」〔1999/446〕という位置づけをしていたこともある。

限界なる語で含意されているのは、そのジャンルに入れていいか外した方がいいか、微妙な境界線の上に立つ、という中途半端な立ち位置だ。たとえば、民謡、鼻歌、手まり歌などをベートーヴェンやモーツァルトと同じ音楽芸術のくくりに入れるのには抵抗があるけれども、かといって音楽なんかじゃないと断言するのも権威主義的でヤな感じ。

または、地方のお土産としてよく見る民芸品はときに芸術的に高く評価されることがあるものの、そもそもは無名の職人がハンドメイドでこしらえた、日常の実際的な使用にも耐える食器や遊び道具だったりする。「ここでは美は実用とむすびついて意味をあたえられる」[1999/41]。かつて民芸運動を牽引した人に柳宗悦という作家がいたが、鶴見の高い柳評価の裏には三分割された芸術観があった。

自我のくみかえ

芸術であれ政治であれ学問であれ、鶴見は一人の突出した天才によって世界が変革されるとは考えない。天才を取り上げるときにすら、その周辺に集うザワザワしているものに目を向ける。

それは単に彼の人好きのする性格のためだけではないだろう。鶴見の自我論を参照すると、その自我なるもののなかには既にして他者が織り込まれている複雑な相があることを確認できる。鶴見はサークル活動の場では、「自我のくみかえ」が起こるという。

「たがいに信頼をおくつきあいの中では、サークルの進行途上で、自我のくみかえがおこる。サークルのメンバーは、はじめに主張したのと正反対のことを後に主張したりするものである。そういう立場の変更は、忘れられているので許されるのではなく、認められた一つの慣行となっている。サークルは、つねに仮の主張として自分の考えをまず人前においてみるという、仮とじの本のような形をもっており、落丁があればそれをなおし、脱落は修正するという用意が、メンバーによってわかちもたれている」〔1991a/101〕

ディベートでは自分の意見とそれを支える論理をしっかり組み立てて、相手を言い負かすことが最大の目的とされる。自説の正当性を証明せねばならない各種のアカデミックな学会での発表も似たようなものだ。

ゆるい空気の流れるサークルは、しかしそういったものにならない。ディベート的自我はいわば製本された本のようなものであり、自分のなかにストックしてある言葉同士がかたく縛られている。対して、サークル的自我は製本以前の「仮とじの本」で、修正可能性に開かれている。順番をかえたり、別の頁と差し替えても差し支えない。書物というより同人誌に近い。言い換えればそれは、独立した自己なるものが確立する以前にあったはずの自他未分割なグレーゾーン、先行する用語ならば「母胎」に再度身を置き直すことを意味していよう。

安藤丈将が、公的なものだけでなければ私的なものだけでもない、◯でもなければ×でもない△を許す民主主義的「熟議」の場所として鶴見の集団論を高く評価しているのもこの特徴と深く結ばれている［2015/111］。

時間のなかで変わりうる私

論文「なぜサークルを研究するか」に先行する論文「戦後日本の思想状況」でも、「サークルという小集団の形態は、変化能力の側面を成長させてゆくに適した集団の形である。サークルのメンバーは、より多くのパースナリティーをもつように、融通性のある人間にそだってゆく」［1975a/310］と考察されていたが、これは実は鶴見がパースを論じたときに既に認められる発想でもあった。『アメリカ哲学』に収められた最初期の論文である「パースの意味」では次のように述べている。

「思索は自己統制と呼ばれるけれども、その自己なるものは、二つの面で拘束を受けている。第一に自己とは単一のものでなく、いくつにも分裂している。各瞬間における自己はその後にくるべき自己に向かって話しかけており、それらの自己に相談を持ちかけているのだ。／第二に、自己は何等かの社会集団（community）に属しており、その集団全体よりも下位にある」［1991/41］

鶴見にとって、ものを考える営みは二重の変数のなかで揺れ動いている。初めに、自分の考え方が時間の経過のなかでいとも簡単に変わってしまうということ。鶴見はこのセンテンスに、ミード的役割論の先駆をパースに認める旨の註をつけている。先生に対する生徒、母に対する息子、妹に対する兄、ある個人はそれぞれの（他者を前にした）状況に応じて違う役割を演じている。変化するのが自然である。

前に述べたように、これは戦前の知識人の転向の問題でもあった。えっ、お前昨日まで鬼畜米英とか言ってたくせに今日は民主主義最高とか言ってんの？　という例のアレだ。こういった分析姿勢は、レッドフィールドという人類学者から借りてきた「回想」と「期待」という時間性に関する二つの次元の区別、つまり事が終わったあとに合理化され物語化された時間性（回想）とその当時の有限な情報のなかで未来を夢見た時間性（期待）を区別しつつ、後者を決して切り捨てない鶴見の人物評論にも通底している［2008/359］。

谷川嘉浩は、愚かさもふくむ原体験を追体験しようとする期待の次元に、「準拠する経験を、美化せずに想像的にリハーサルすることで、状況を相対化するだけの「幅」を達成することができる」個々人の自律性の根拠を認めている〔2018/97〕。変わってしまうのは仕方ないけれど、変わったと自覚できること、どれくらい変わったのかを測定することには、決してウヤムヤにされない個人の威信がかかっている。

コミュニティのなかで変わりうる私

もう一つの変数は、個々人が属す共同体の問題だ。

パースは次のように述べた。「実在概念には本質的に一つのコミュニティという概念が含まれている」〔2014/138〕。或いはまた「いかなるものであれ実在的なるものの性質は、最終的に完全情報が得られている理想的状態下にある場合に知られるようになるものであり、したがって、実在の何たるかは、コミュニティの究極の決定に依存する」〔2014/142〕。

現時点で知れていることなどたかが知れているし、一人でできることにも限界がある。実在＝現実（リアリティ）を明らかにするには、一人で黙々と考えて答えを導き出せばそれで足りるのではなく、コミュニティのなかで実在っぽいものに対して絶えずツッコミを入れながら未来に繰り延べしていく方法を採らねばならない。

一人この瞬間、という地点から遠く離れて、みんなで未来を。ここにパースが考える科学的方法の姿勢があり、可謬主義の時間的な共同性がある。鶴見の自我論は修正ＯＫなこの科学観をうまく取り入れている。

受け継がれた群れ群れ

パースは近代哲学の親玉ことデカルトが割と嫌いだ。パースからすればデカルトは懐疑の力を過信している。疑えば疑うほど真理が見つかると思ってやがる。

なるほど、疑うことは率直に信じる単純馬鹿に比べれば脳みそをきちんと働かしており、ずっとクールな感じがする。でも、そんな懐疑野郎も、なにはともあれなにかを信じることで、つまりは信念に依拠することでものごとを考え始める。胡蝶の夢よろしく目の前のこの景色は夢を見ているだけなのかもしれない……ＯＫ、でもたとえ間違っていたとしても見ていることを信じていることは本当だよね？　疑えば疑うほど頭が良くなるのだとしても、疑うのに必要最低限の信念がなければ話にならない。間違った話でもともかく話をはじめなければ話にならない。

デカルトは孤独な哲学者だが、パースはもっと群れていることを肯定した。群れ群れでいいと考えた。事実、究極の哲学があるのだとすれば、それは「哲学者たちのコミュニティを形成することにおいてのみである」[2014/95]と彼はいう。このような考え方が、どれほど意識的であったかは別にして、鶴見によるサークル研究や『思想の科学』周辺の種々の実践に通じていったことを読みとるのはたやすいだろう。

かくして、鶴見俊輔は日本式プラグマティズムの系譜のなかで稀有なパースの財産を受け継ぎながら活動をつづけた。平成二七（二〇一五）年に逝去。九三歳、長寿の人生であった。

〈引用文献〉

[1956] 鶴見俊輔『現代日本の思想――その五つの渦』（久野収との共著）、岩波新書。
[1966] 吉本隆明『自立の思想的拠点』、徳間書店。
[1971] 鶴見俊輔『北米体験再考』、岩波新書。
[1971a] 鶴見俊輔「集団の会について」、『思想の科学』四月号。
[1975] 鶴見俊輔「思想の発酵母胎」、『鶴見俊輔著作集』第三巻収、筑摩書房。
[1975a] 鶴見俊輔「戦後日本の思想状況」、『鶴見俊輔著作集』第二巻収、筑摩書房。
[1991] 鶴見俊輔『アメリカ哲学』、『鶴見俊輔集』第一巻収、筑摩書房。
[1991a] 鶴見俊輔「サークルと学問」、「なぜサークルを研究するか」、『鶴見俊輔集』第九巻収、筑摩書房。
[1999] 鶴見俊輔『限界芸術論』、ちくま学芸文庫。
[2004] 鶴見俊輔『戦争が遺したもの――鶴見俊輔に戦後世代が聞く』（上野千鶴子・小熊英二との共著）、新曜社。
[2007] 鶴見俊輔『たまたま、この世界に生まれて』、編集グループＳＵＲＥ。
[2008] 鶴見俊輔『期待と回想――語り下ろし伝』、朝日文庫。
[2013] 上野俊哉『思想の不良たち――１９５０年代　もう一つの精神史』、岩波書店。
[2015] 安藤丈将「鶴見俊輔の小集団と民主主義」、『現代思想』一〇月臨時増刊号。
[2014] パース、チャールズ・Ｓ「四つの能力の否定から導かれる諸々の帰結」、『プラグマティズム古典集成――パース、ジェイムズ、デューイ』収、植木豊編訳、作品社。
[2018] 黒川創『鶴見俊輔伝』、新潮社。
[2018] 谷川嘉浩「作文はなぜ知的独立性の問題になるのか――鶴見俊輔、生活綴方、想像力」、『人間・環境学』第

二七巻、京都大学大学院人間・環境学研究科。

〈引用しなかった参考文献〉

- 上原隆『「普通の人」の哲学——鶴見俊輔・態度の思想からの冒険』、毎日新聞社、一九九〇年。
- 原田達『鶴見俊輔と希望の社会学』、世界思想社、二〇〇一年。
- ブレント、ジョゼフ『パースの生涯』、有馬道子訳、新書館、二〇〇四年。

終章

試行錯誤のアンチノミーのなかで

歴史から見出されるプラグマティズム

田中王堂は第一著作『書斎より街頭に』を明治四四（一九一一）年に刊行した。ただし、同年のほぼ同時期に『二宮尊徳の新研究』という一書も出していることは改めて注意していい。

二宮尊徳は二宮金次郎の名でもよく知られ、かつては学校に建てられる銅像の定番であった。銅像あるあるの人。薪や柴を背負いながら本を読んでいる姿は、音楽室の怖いベートーヴェンに並ぶ古きよき学校的風景であった。

そんな尊徳が結局なにをした人なのかは意外に知られていないかもしれない。尊徳は一言でいえば画期的な農政改革を成し遂げ、その行動にともなう道徳律を打ち立てた人物だ。たとえば、当時の小田原藩では年貢を量るさいの桝が統一されておらず、税の徴収において不平等があった。これを統一することによって減税効果を上げた。

また、そういった行動を支える規範は報徳思想と呼ばれ、これは至誠（誠実であること）・勤労（労働の効率化）・分度（予算の範囲で計画を立てる）・推譲（未来の自分や他者のために余分を譲る）などからなり、のちの人々に親しまれた。

報徳思想がもつ精神主義的でありながら合理主義を尊ぶ特徴は、王堂の具体的理想主義を容易に連想させる。事実、『二宮尊徳の新研究』では尊徳は次のように位置づけられる。

「二宮尊徳は最高最新の意味に於て（今、世上に行はれて居る言葉を用ゐれば）ヒユマニズムの人であつた。彼れの説くところは多枝、多葉であるが、畢竟するに、政治にしても、宗教にしても、学問にしても、総べて其等のものの役目は人間の生活を助長するといふ一事に帰することを忘れない」［1911/21］

アメリカ限定？

田制佐重を解説しながら、シラーの思想に触れておいた。ここでいわれている「ヒユマニズム」も、単なる道徳的な人道主義というより、人間本位主義とも訳すべき思考の転換を明らかに語っている。要するに、王堂はここで二宮尊徳を日本のプラグマティストとして再発見しようとしている。田中王堂、石橋湛山、田制佐重、三隅一成、清水幾太郎、そして『思想の科学』の面々とその中心にいた鶴見俊輔。我々のあゆみもまた、王堂ほどの大胆でないにしろ——というのもいずれの連中もアメリカ産プラグマティズム思想の感化を自身で明言していたから——、過去の言説を掘り起こしながら日本式プラグマティズムの歴史を描いてきた。三隅や鶴見和子が気にかけていた、いま・ここのために過去を再構築する現在主義をおそらくは多分にふくみながら。

それでも、不安がないわけではない。王堂はデューイに関して結局は「米国文明の哲学」との注意書きを残していた。さらに鶴見俊輔は『たまたま、この世界に生まれて』で、「戦後、ＵＳＡがあれだけの権力を行使して、日本人もよく受け入れたにもかかわらず、この社会にはプラグマティズムが根づいたという感じがまったくない」[2007/141]とその不思議を語ってもいた。

清水幾太郎はプラグマティズムを地政学的産物、アメリカというお国柄が色濃く反映されたものとして理解した。鶴見もこの見方には同意を示すに違いない。というのも、彼にとってプラグマティズムとは測量の思想であり、測量の意欲が点火されるにはいま自分が立つところが未知なる土地《テラ・インコグニタ》であることが必須だからだ。ここから新たな開拓先としての精神的なもの、自己啓発へと伸びる線も既に確認したところだ。

太平洋戦争末期、米軍は日本人の戦闘意欲を削ぐためにＢ29で厭戦のビラをまいたが、そこでは尊徳が平和と民主主義の象徴として扱われ、これに倣えと宣伝されていた。さらに戦後、日本の民主化を推し進めたＧＨＱは尊徳をアブラハム・リンカーンに比す傑人として歓迎し、黒塗りばかりでまっくろくろすけな教科書のなか例外的に掲載を許された。ナショナリストでもあった王堂がもしも生きていてこういったエピソードを聞かされたら苦笑いを禁じ得なかったかもしれない。そこでの尊徳は日本人をアメリカの軍門に下らせる、アメリカナイズさせる方便としてていよく使われたアイコンであったからだ。

演繹《トップダウン》と帰納《ボトムアップ》

海の向こうの大地に根づいた正統なプラグマティズムに比べれば、ここまでのあゆみがひどくよろけた、頼りないものにみえてくるかもしれない。

では、このようなことはただの道草だったのだろうか?

そうではない。私の考えがそれなりに正しければ、ここまでのあゆみは可謬主義＝転んでもいい主義の方法を特徴づける仮説形成(アブダクション)の具体的実践であったからだ。

パースは真理を導き出す(-duction)方法として、三つのものを区別した。演繹(deduction)、帰納(induction)、そして仮説形成(abduction、または retroduction と表記されることもある)だ。

演繹と帰納の対はよく知られている。これは絶対に正しい、といえる原理原則から出発して具体的な事例に当てはめていくのが演繹のやり方。反対に、様々なデータや観察を集めてきて、それらに共通する規則を見つけるのが帰納のやり方。当世風にいえば、演繹はトップダウンの、帰納はボトムアップの真理の見つけ方だ。

この二つ、全然違うようにみえるものの、カール・ポパーという哲学者は実は大して変わらないと看破した。というのも、帰納のプロジェクトに着手するには、データをめったやたらに集めればいいのではなく、どういう種類のものをどういうふうにどれくらい集めるのか、もっといえば、○○が××であるに違いない、といった仮説が先立つはずで、これを証明しようとする手続きは正しさから出発する演繹の操作と大差ないのだ。ポパーは観察に先立って頭のなかに出来上がっている準理論的なものを「期待の地平」[1974/384]と呼んだ。

こう仮定するとうまく説明できる

仮説に関する過程は、まさしくパースの第三の方法のかなめである。

パース自身によるアブダクションの踏み込んだ説明はやや難しいので、一ノ瀬正樹の挙げている例示を引いてみよう。

「たとえば、向かい側の道を知人が歩いているのを見かけたと想定してみよう。突然知人が腰をかがめて、下をきょろきょろし始めた、とも想定してみよう。何をしているのだろう。さっぱり分からない。しかし、はたと考えが浮かんだ。そうだ、もしかしたら、コンタクトレンズを落としているのではないか！　そうした仮説を採用すると、知人の動作すべてが首尾一貫して説明できる。こうした一瞬の洞察、それが「アブダクション」である」［2016/257］

帰納の方法を用いるのならば、道端で下を見てきょろきょろしだす人々の統計でもとってきて、そこから蓋然的な答えを導きだすかもしれない。が、それでは答えがでるのにひどく時間がかかる。そうではなく、前提としての《道を歩いている》と帰結としての《足元を見ている》のあいだに《コンタクトレンズを落とした》の中段階を挿入してみると、なるほど、すんなり説明が通ったように感じられる。なお、このように結論から巻き戻して可能な説明を当てはめようとするため、アブダクションはレトロダクション（遡及法）とも呼ばれる。

もちろん、アブダクションは絶対の真理を教えてくれるわけではない。くだんのきょろきょろも、実はコンタクトレンズを落としたのではなく足元に群がっていた蟻の群れを酔狂で踏みつぶしていただけかもしれない（バイオレンス！）。が、多くの場合においてコンタクトレンズの説明はだいたい的を射ているだろう。間違えることもあるけれど、割合、正しさに到達できる。アブダクションはだから小難しく聞こえるかもしれないけれど、忙しくて断片的な知の世界を生きざるをえない我々が日常のなかでよく使っている方法でもあるのだ。

なんか似てる

もっと単純に、アブダクションとは《なんか似てる》の閃きを借りた推論の形式だといってもいい。パースはいう、「ある思考が、別の思考と似ている、あるいは、それを表しているという認識は、無媒介な直接的知覚からは導き出しえないのであって、このような認識は一つの仮説形成といわねばならない」[2014/118]。

多田道太郎を既に紹介しておいた。彼の著作を読んでいると、いわゆる学問的な体系性がすかすかな、雑多な印象を受ける。昭和三七（一九六二）年に刊行されたデビュー作『複製芸術論』はまだしも、七〇年代の日本文化論に関する一連の著作では特にその傾向が強い。

根津朝彦によれば、その背後には一九五〇年代に上山春平から教わったパースのアブダクションの思想があったという。「多田がアブダクションを重んじたのは、発想で学問の形が変わりうると考えたから」[2013/121]。

たとえば、『風俗学』では、いきなり「ここで、でたらめに――というよりも思いつくままに、三つの事物の名をあげてみよう」と書き出し、「かんざし　橋　乗合」という本当に何の関連があるんだか意味不明な名詞が複数列挙される[1987/30]。脈絡などない。本人自ら注記するように、「話の突飛さに（私の話はすべて唐突、突飛という長所をもっているのだが）誰も呆れて、賛成する方はないかも知れない」[1987/34]。が、どれも自然物から切り離された人間による風俗である、という共通項で強引に話が進んでいく。

後段では、自身の風俗学の方法を次のように説明している。

「この風俗、あの現象はたしかに何かを意味している。その意味は、アナロジーでしかつかめないというのが私の考えである。Aのすぐ横にBという現象ないし風俗があるとすれば、AとBとのつながりは何かを考えてゆく。そうしたつながりの連鎖のなかから意味をさぐってゆくという方法である」[1987/108]

注目すべきは、AとBの関係を上から見下ろせる俯瞰的な、全知の観点のもと考えるのではなく、具体的なアレやコレやの隣接と接ぎ木を重ねていきながら進む論述のスタイルだ。お気づきの通り、これはパースに由来する《なんか似てる》の発想力を活かした推論形式にほかならない。

デタラメだと感じるだろうか？　考えることの背後には、《AならばB》と《BならばC》から《AはCである》を導きだすような、論理学の普遍化可能なルールがあるはずだとする立場からすれば、なるほど、その感想も分からいじゃない。けれども、今日の認知科学は、絶対に間違えない思考の鉄則を摑まないまま、それでもそれなりに当たる類推でもって人はよくものごとを考えていることを教えている。

アブダクティブなあゆみの果てに

日本のプラグマティズムは、もしかしたらアメリカという文化や風土に固く結びついているかもしれないものを無理やりに輸入した歪んだ欠陥品なのかもしれない。それだけでなく、歪みを再現するにしても、もっと別の固有名群を踏んでいくステップがあったかもしれない。

そのような不安を一切合切ふくみながら、それでも我々のあゆみが正当化されるとすれば、それがアブダクションによって導かれたものであるということだろう。

間違っているかもしれない道筋を、それでもなお、あゆんでみた。転んでもいい主義は、転んでもいい主義の歴史への反省をへて、かくして一定量のまとまった文字数をとりあえずは並べることに成功した。

そんなものがなにになるか。もともとの問題設定に戻ろう。失敗は成功の母、そういうポジティブな失敗論への不信感、もっといえば倦怠感から我々は出発したのだった。失敗は次に活かせばいいじゃないか？　分かってる、でも、それにはもう疲れちゃったんだ！

このジレンマを、改めて、試行錯誤のアンチノミーと表現することにしよう。

アンチノミーとはパースがもっとも大きな影響を受けたイマヌエル・カント（Immanuel Kant, 1724–1804）の基本概念の一つで、主著『純粋理性批判』において人間の有限性に由来する解消しえない究極的な問いのかたちを指す。たとえば、時間と空間が有限なのか無限なのか。たとえば、神が存在しているのかどうか。どちらともいえるし、どちらともいえない。カントは、解決できないことを知ることは単に解決できないことよりもよいだろう、という妙案でもってこれを切り抜けた。

試行錯誤の定立命題と反定立命題

試行錯誤にも同様のアンチノミーがある。

定立命題（テーゼ）。試行しなければ成功はない。たとえ誤ってしまったとしても失敗のたびに経験値がたまって、小さな成長や慣れが未来の成功を呼び寄せるからだ。

反定立命題（アンチテーゼ）。試行すると成功できない。慣れてないことは誤りやすい。そして失敗すればするほどに試行のためのやる気が削がれ、成功に至る道のりへの不信を呼び寄せるからだ。

どちらも正しい……のに両立しようとすると途端に背反してしまう。ポジティブな失敗論に対する、そうはいっても……という我々のためらいは、反定立命題への傾きによって引き起こされているようにみえる。

誤ること／謝ること

カントに倣ってこれを無理に解消しようとしてはならない。どっちが強いか（正しいか）ときっぱりとした決着を望むべきではない。決着のつかないものにどっちかどっちかと迫るところに最大の悲劇が生じるのだから。

もしも反定立の相への共感が強いのならば、きちんとひきこもって、なにもしないでいることにしよう。

後ろ向きな忠告に聞こえるだろうか。が、一見健康的にみえる定立命題に立てこもることは、失敗を失敗でないと強弁する居直りを正当化してしまう危険に接している。

いまの成功があるのはあのとき失敗したからだ、という後日談は、容易に、人間はどうせ失敗する生き物なのだからとやかくいわれる筋合いはない、といった自己正当化の語りに転化する。そこで生じているのは、失敗という餌を自分の成功に食わせ太らせることに必死で、誤ることが謝ることをともなわない独善（＝善の独占的解釈）にほかならない。謝るという社会的行為はいうまでもなく他者に対して行われる。

プラグマティズムは複数の他者が織りなす共同体の思想でもあった。餌としての失敗は、あの土の匂いを忘れている。大地の上には自分とは違う他者が住んでいる、その事実を忘れている。アンチノミーを悪い意味での現在主義、もっといえば歴史修正主義に蹂躙されてはならない。プラグマティズムの伝統は、初めの一歩をどう踏み出すか、いかに軽やかに前に進むか、といった個人の前傾姿勢に関しては示唆に富んだアドバイスを数多く提供するが、不思議にも失敗の社会的な尻ぬぐい、誰しもが一度や二度は経験するだろう、謝ることのあの冷や汗のでるような恥ずかしさやみじめさ、いたたまれなさにはほとんど触れない。

なぜそんなことになるかといえば、アンチノミーを定立命題の側からしか見ないからだ。失敗を経るたび、経験値という貯金箱が貯まっていく転倒した世界観を採っているからだ。マイナスがプラスに化ける詐術を使っているからだ。しかし幸か不幸か、我々はその習わしから免れたところから出発したのだった。ポジティブな可謬主義は性に合わない。くよくよしてしまう、いや、ちゃんとくよくよできる。

それが日本人特有の心性かどうかはもはやどうでもいい。居直りの危険に比べれば新たな一歩を踏み出せない臆病は決して責められるべきものではなく、唯一無二の宝というほどではないものの、あったらあったでそれなりに使える慎重さでもある。かたくなになにもしないでいることがラディカルな相を見せることだってある。

そして測り知れない《私》へ

とはいえ、人間にとってなにもしないでいることくらいつらいものはない。なにもしない不安と無聊に耐えられないから色々なものに手を出して、思わぬ僥倖を得たり、逆に痛い目を食らったり、種々の騒動を引き起こす始末なのだから。

本書の転んでもいい主義に一定の利得があるとすれば、それは少し振り返っただけで失敗に満ちた偏頗な歴史がちゃんとあって、それを知っておけば、これから取り組む自分の試行《トライアル》がたとえ失敗に終わるとしても、まあいいか、と許せる心の余裕を取り戻すことに求められるだろう。言い換えれば、貴重なくよくよを適切な仕方で運用する方法を教えるものとなる。

余裕を取り戻したとき、こんなもんかと高をくくっていた《私》を少しだけ飛び越えていく準備が整っている。できないできないを重ねてつくったミルフィーユ状の《私》。私が私の首を絞めるためにつくったお手製の《私》。委縮してちぢこまったものを実寸大と信じこむ《私》。彼らから自由になる一歩を踏み出して初めて新たな一歩が踏み出せる。高をくくれない《私》、測り知れない《私》、誤って謝りうる《私》がプラグマティズムの限界をプラグマティックな仕方で拡張する。

プラグマティズムは一方では、人は成長や慣れのなかで別の自分へ変わっていくことができると する肯定的な教えを語りながらも、他方では、結果の反省への傾きにともなって、自分のもつ諸々の力をきちんと測って分をわきまえよ、という相反する、抑制的なメッセージも与える。だから試行錯誤に臨むためにも手前の試行錯誤が必要なのだ。舞台裏の試行錯誤。転んでもいいかと思えるようになるまできちんとなにもしないでいるために、目の前のアブダクティブな歴史に専心することにしよう。語義矛盾だといわないでほしい。過ぎ去った残骸の跡をたどるとき既になにかが始まっている。そして、あゆみ方はまだたくさんあるのだ。

〈引用文献〉

[1911] 田中王堂『二宮尊徳の新研究』、広文堂書店。
[1974] ポパー、カール・R『客観的知識——進化論的アプローチ』、木鐸社。
[1987] 多田道太郎『風俗学——路上の思考』、ちくま文庫。
[2007] 鶴見俊輔『たまたま、この世界に生まれて』、編集グループＳＵＲＥ。
[2013] 根津朝彦「多田道太郎における非・反アカデミズムの視座」、『社会科学』第四二巻第四号、同志社大学人文科学研究所。
[2014] パース、チャールズ・Ｓ「四つの能力の否定から導かれる諸々の帰結」、『プラグマティズム古典集成——パース、ジェイムズ、デューイ』収、植木豊編訳、作品社。
[2016] 一ノ瀬正樹『英米哲学史講義』、ちくま学芸文庫。

〈引用しなかった参考文献〉

- 井上章一『ノスタルジック・アイドル　二宮金次郎』、新宿書房、一九八九年。
- 米盛裕二『アブダクション——仮説と発見の論理』、勁草書房、二〇〇七年。
- 松沢成文『教養として知っておきたい二宮尊徳——日本的成功哲学の本質は何か』、ＰＨＰ新書、二〇一六年。
- 鈴木宏昭『類似と思考　改訂版』、ちくま学芸文庫、二〇二〇年。

あとがき

本書はいままで私が公にしてきた著作群にとって蝶番のような役目をもつだろう、と書いてしまったいま反省している。

もともと、ホイットマンに感化された有島武郎を研究していた経緯から、アメリカの思想的系譜において近しい位置を占めるプラグマティズムへの関心がないわけではなかった。それでも、本格的に読もうと思ったのは、いくつかの本を執筆して世に問うてきた経験があったからだ。

たとえば、『これからのエリック・ホッファーのために』（東京書籍、二〇一六年）。過去の在野研究者の人生と心得をまとめたこの一書は、どんな学問人生を歩めば正解なのか、分からないままそれでも前に進もうとする在野研究最大の武器を「試行錯誤《トライ&エラー》」に求めている――ちなみに、英語ではトライアル&エラーと付するのが正しいが、人口に膾炙したこの表現を好いていまでも直していない――。

試行錯誤論史でもある本書が、これに対するさらなる追求として書かれただろうことは比較的みやすい。

通称『これエリ』や事実上の続編である『在野研究ビギナーズ』（明石書店、二〇一九年）を出してから、しばしば、それら書籍に登場する在野研究者たちのパフォーマンスは金銭的時間的余裕に恵まれ、或いは知的能力にひいで、或いは強固な意志をもつ、超人的要件に支えられているのではないか、という批判を受けることが多くなった。いわゆる生存者バイアスというやつだ。

そのような批判には色々と思うところがあるが、とまれ、敗退と生存のはざまで取り組まれるべき試行錯誤を勧める本に、理由はどうであれ心理的ハードルを実際感じるのだとすれば、それ以前の段階を手当てすること、試行錯誤への試行錯誤を論じるものを書かねばならないと考えていた。

そんななかで手あたり次第に読んでいたなかの、たとえば魚津郁夫「日本におけるプラグマティズム——解説および文献」（『思想』三八三号、一九五六年）や舩山信一『大正哲学史研究』（『舩山信一著作集』第七巻収、こぶし書房、一九九九年）のような文献から、日本式プラグマティズムを考察することでその課題に応えられるのではないか、というほのかな着想が徐々に育っていった。少し前には学生政治団体SEALDsのデモ抗議が鶴見らの参加したべ平連との重なり合いのなかで論じられていた。そしていま現在は著名人らのかつての過ちを見つけてきては罷免や表現の撤回を求めるキャンセル・カルチャー運動が猛威をふるっている。

　本書はその意味で、私が二〇一〇年代に取り組んでいた在野研究論の正式な副産物である。自分の書いた著作はしばしば自己啓発的と呼ばれることがあるが、本書は名実ともにその特徴をもっとも色濃く受け継いだものだと自負している。読者よ、これが自己啓発本だ！

　或いはまた、別の道筋をたどってもいい。『無責任の新体系』（晶文社、二〇一九年）では、「空気」を読むことばかりが求められる日本的（と呼ばれる）共同体から離れて、ものごとを普遍的に考えるには、むしろ無知の立場に立つことが大事であると論じた。自分の所有する知的判断が気づかぬ間に共同体に紐づけられているならば、それをいったん解除する必要がある。そのためには努めれば全体的な視野に立てるという慢心を戒め、部分的かつ党派的なもの、すなわちパート的なものをきちんと引き受けねばならない。

　局限を自ら引き受けるこのような構えは、本書の記述全体と通底しているだろう。『仮説的偶然文学論』（月曜社、二〇一八年）では、すべての偶然事を受け止めきれない限界のなかで働く機制を「偶然のフィルタリング」と呼んだが、いまの私ならばこれを「具体理想主義」の変形態として論じるかもしれない。

　一連の著作を未読の方にとっては意味不《イミフ》明に響いているかもしれないが——もし機会があったら

読んでみてね！――、肝心なのは、ずいぶん色々と変なものを書いてきたものだ、という感慨である。長々と書いてきたわりに大して内容的なバリエーションがないではないか、といわれれば、まったくもってその通り、苦笑するほかないのだが、どんなに粗末なものでも本を書くことには他に代えがたい歓びがある。もう六冊ほど刊行してきた。いまこの本を書き終えるにあたって、その歓びがまだなくなっていないことに安堵のような歓びを感じている。

本書は、二〇一八年四月から二〇一九年一〇月までフィルムアート社のウェブマガジン「かみのたね」で連載していた「日本のプラグマティズム」を書籍用に再構成したものである。本は一人ではつくれない。『貧しい出版者』と合わせて連載時からお世話になっていた藪崎今日子さんのご協力を改めて頂戴した。校正には西山保長さんにお力添えいただいた。深く感謝したい。

二〇二一年一〇月一九日

荒木優太

荒木優太（あらき・ゆうた）

1987年東京生まれ。在野研究者。明治大学文学部文学科日本文学専攻博士前期課程修了。2015年、第59回群像新人評論優秀賞を受賞。著書に『これからのエリック・ホッファーのために』（東京書籍、2016年）、『貧しい出版者』（フィルムアート社、2017年）、『有島武郎』（岩波新書、2020年）など。編著に『在野研究ビギナーズ』（明石書店、2019年）。

索引

あ行

か行

さ行

た行

な行

は行

ま行

ら行

主要著作年譜

明治36(1906)年	田中王堂「桑木博士の『「プラグマティズム」に就て』を読む」
明治42(1909)年	石橋湛山「観照と実行」
明治44(1911)年	田中王堂『書斎より街頭に』『二宮尊徳の新研究』
大正1(1912)年	石橋湛山「唾棄すべき文士の態度」
大正2(1913)年	田中王堂『吾が非哲学』｜石橋湛山「桂公の位地と政党政治の将来」
大正3(1914)年	田中王堂『解放の信条』｜石橋湛山「選挙権拡張の要義」
大正4(1915)年	石橋湛山「世界平和同盟私案」
大正5(1916)年	田制佐重訳『プラグマティズム』
大正6(1917)年	田中王堂『卿等のために代言す』
大正7(1918)年	田中王堂『徹底個人主義』｜田制佐重訳『民本主義の教育』
大正10(1921)年	田中王堂『創造と享楽』｜石橋湛山「一切を棄つるの覚悟」「大日本主義の幻想」｜田制佐重『学校教育の社会化』
大正14(1925)年	田中王堂『改釈の哲学』｜田制佐重『文芸家教育論集』
昭和2(1927)年	田制佐重『社会思想読本』
昭和3(1928)年	田制佐重『教育社会学の思潮』｜石橋湛山「政友民政以外の議員は大同団結せよ」
昭和7(1932)年	石橋湛山『インフレーションの理論と実際』
昭和12(1937)年	田制佐重『教育的社会学』｜古在重人『現代哲学』
昭和13(1938)年	清水幾太郎訳『生の論理』
昭和14(1939)年	三隅一成「作業態度の検査に就いて」
昭和15(1940)年	清水幾太郎『社会的人間論』
昭和16(1941)年	三隅一成訳『行動主義心理学』｜清水幾太郎「現代アメリカの倫理思想」｜清水幾太郎訳『創造的知性』
昭和17(1942)年	三隅一成「技術と精神」
昭和20(1945)年	清水幾太郎「デモクラシーの哲学」
昭和21(1946)年	石橋湛山「衆議院議員立候補に際して」｜清水幾太郎『民主主義の哲学』｜鶴見和子「デューヰ社会哲学批判の覚書」｜鶴見俊輔「言葉のお守り的使用法について」、『哲学の反省』

昭和25(1950)年	清水幾太郎「運命の岐路に立ちて」｜鶴見俊輔『アメリカ哲学』
昭和26(1951)年	石橋湛山「日本再建の方途」、『湛山回想』｜鶴見和子「プラグマティズムの歴史理論」｜桑原武夫『歴史と文学』
昭和27(1952)年	石橋湛山「シロウトの経済学」
昭和29(1954)年	鶴見和子編『えんぴつをにぎる主婦』
昭和31(1956)年	鶴見俊輔+久野収『現代日本の思想』
昭和34(1959)年	鶴見俊輔「思想の発酵母胎」｜鶴見和子編『ひき裂かれて』
昭和37(1966)年	多田道太郎『複製芸術論』
昭和38(1963)年	桑原武夫『文学入門』｜上山春平『弁証法の系譜』｜鶴見俊輔「サークルと学問」
昭和41(1966)年	清水幾太郎『現代思想』｜鶴見俊輔「戦後日本の思想状況」
昭和42(1967)年	鶴見俊輔『限界芸術論』
昭和43(1968)年	清水幾太郎+清水礼子訳『哲学の改造』｜桑原武夫「人文科学における共同研究」
昭和45(1970)年	清水幾太郎+霧生和夫訳『遊びと人間』
昭和46(1971)年	多田道太郎+塚崎幹夫訳『遊びと人間』｜鶴見俊輔『北米体験再考』
昭和47(1972)年	清水幾太郎『倫理学ノート』
昭和49(1974)年	多田道太郎『遊びと日本人』
昭和50(1975)年	三隅一成『行動科学と心理学』｜桑原武夫「おのずと」
昭和51(1976)年	上山春平『深層文化論序説』｜鶴見俊輔「なぜサークルを研究するか」
昭和53(1978)年	多田道太郎『路上の思考』
昭和54(1979)年	三隅一成『芸術とスポーツと行動科学』
昭和55(1980)年	清水幾太郎『日本よ　国家たれ』
平成6(1994)年	石橋湛山『湛山座談』
平成8(1996)年	鶴見和子「わたしの仕事」
平成9(1997)年	鶴見俊輔『期待と回想』
平成19(2007)年	鶴見俊輔『たまたま、この世界に生まれて』

転んでもいい主義のあゆみ

日本のプラグマティズム入門

2021年11月25日　初版発行

著　荒木優太

デザイン　北岡誠吾
装画　原田光
編集　薮崎今日子（フィルムアート社）

発行者　上原哲郎
発行所　株式会社フィルムアート社
〒150-0022
東京都渋谷区恵比寿南1丁目20番6号 第21荒井ビル
TEL　03-5725-2001
FAX　03-5725-2626
http://www.filmart.co.jp

印刷・製本　シナノ印刷株式会社

ISBN978-4-8459-2110-2　C0095